里程碑
文库

THE
LANDMARK
LIBRARY

人类文明的高光时刻
跨越时空的探索之旅

东西文化
交流的
传奇之旅

玄奘与
丝绸
之路

シルクロードを行く
玄奘三蔵、

[日]前田耕作·著
凌文桦·译
沈琛·审校

北京燕山出版社
YSP BEIJING YANSHAN PRESS

玄奘与丝绸之路：
东西文化交流的传奇之旅

[日] 前田耕作 著
凌文桦 译
沈琛 审校

图书在版编目（CIP）数据

玄奘与丝绸之路：东西文化交流的传奇之旅 /（日）前田耕作著；凌文桦译. － 北京：北京燕山出版社，2020.12（2021.7重印）
（里程碑文库）
ISBN 978-7-5402-5784-2

Ⅰ.①玄… Ⅱ.①前… ②凌… Ⅲ.①玄奘（602-664）—人物研究 Ⅳ.①B949.92

中国版本图书馆CIP数据核字（2020）第141366号

GENJO SANZO, SHIRUKURODO O IKU

by Kosaku Maeda

© 2010 by Kosaku Maeda
Originally published in 2010 by Iwanami Shoten, Publishers, Tokyo.
by arrangement with Iwanami Shoten, Publishers, Tokyo
This simplified Chinese edition published 2020
by United Sky (Beijing) New Media Co., Ltd , Beijing

北京市版权局著作权合同登记号 图字：01-2020-3981 号

选题策划	联合天际	特约编辑	梁琼月　罗雪莹
版权统筹	李晓苏	版权运营	郝 佳
编辑统筹	李鹏程　边建强	营销统筹	绳 珺　王雅斓
视觉统筹	艾 藤	美术编辑	程 阁

责任编辑	郭 悦　李瑞芳
出　版	北京燕山出版社有限公司
社　址	北京市丰台区东铁匠营芋子坑 138 号嘉城商务中心 C 座
邮　编	100079
电话传真	86-10-65240430（总编室）
发　行	未读（天津）文化传媒有限公司
印　刷	小森印刷（北京）有限公司
开　本	889 毫米 ×1194 毫米　1/32
字　数	140 千字
印　张	6 印张
版　次	2020 年 12 月第 1 版
印　次	2021 年 7 月第 2 次印刷
书　号	ISBN 978-7-5402-5784-2
定　价	68.00 元

关注未读好书

未读 CLUB
会员服务平台

目 录

* * * * * *

序
来自遥远地平线的呼唤

当世界格局即将发生巨变时，置身于其中的人会有所感知，心中会随之产生如幼草萌芽般的疼痛，所见的景象随即变化，地平线也开始延伸拓宽。玄奘便诞生于动荡的时代，彼时的世界呈现出朦胧的巨变征兆。

恰逢古代中国改朝换代之时，古罗马帝国也挥别了古典时代，伊斯兰教在阿拉伯沙漠中悄然诞生、蔓延，整个世界共同迈向崭新的"中世纪"时代。

思及金发碧眼的商人们骑着骆驼、良驹，沿着延绵约一万千米的通道自由地往来于东亚和地中海各国之间，我就能感受到充溢于整个时代的磅礴之气。

玄奘之所以能够在那条被后世称为"丝绸之路"的路上，走得比任何人都更远、更久，穿行更广袤的空间，或许是因为他心底酝酿出的某种悸动，可以与亚洲和阿拉伯世界逐渐形成的新世界之胎动产生共鸣。

人生中至关重要的十七年，玄奘在旅行和学习中度过，他回国之后便将自己足迹所及、刻于心底的7世纪西域和中亚欣欣向荣之景，详细地记录在《大唐西域记》中。这本记录了玄奘独自亲历中亚世界时所见所闻的书，不仅在一千多年后成为同类著作中对近代考古学家最有参考价值的指导书，还因为其记录的准确性、描述的丰富性，至今不失为一本上乘的指南。考古学印证的事实越多，人们就越不禁要为玄奘的伟大记录所倾倒，为其锐利的视角而叹服。

《大唐西域记》全书共十二卷，卷一和卷二深入描写了丝绸之路和与其相连的古代道路干线，让读者仿佛穿越了时空，同玄奘一起重新踏上那段"艰险重重，跋山涉水"的丝路之旅。

"丝绸之路"这一雅称，极具历史的沧桑之感，又饱含象征性的浪漫。据《汉书·地理志》所载，丝绸和丝绸制品的起源，最早可以追溯到中国春秋时代（公元前8世纪—前5世纪）。这恐怕是在深知丝绸交易价值的时代创作出来的一种传说，实际上真正的起源时间应该更早。

考古遗迹中出土的丝绸制品表明，公元前5世纪，即战国时代，丝绸已经广泛流行于中国周边各国。公元前5世纪的古希腊历史学家希罗多德曾在《历史》一书中指出，当时亚欧大陆的草原上存在着一条连接东西方的贸易通道，这条贸易通道上的交易物品主要是谷物、毛皮等实用品，并未提及丝绸这类轻便且价值很高的物品。

业内普遍认为，从罗马人的著述中，可以找出丝绸制品在东西方物品交易中不仅具有交换价值，还具有象征价值的证据。早在公元前1世纪，罗马人就已经对来自赛里斯（中国）的"精美布匹"——丝绸有所了解。从奥古斯都大帝时代的诗人普布留斯·维吉尔的《农事诗》中的某一节，我们也可以了解到，2世纪时，亚历山大的天文地理学家克罗狄斯·托勒密首次在世界地图中写入"丝绸之国"（中国）这一地名，和丝绸传入西方不无关系。虽说丝绸传入得早，但当时罗马人还不知道这种流光溢彩的美丽布匹其实是以蚕丝纺织而成。据亨利·玉尔和亨利·高第合著的《东西交涉史》记载，罗马人直到拜占庭帝国查士丁尼大帝时代，即6世纪之后，才了解到丝绸制品的实际由来。

即使到了阿拉伯帝国时代，丝绸的价值依然居高不下，其文化交流的象征性价值也随之提高。《古兰经》有如下描写："真主必定要使信道而且行善者进入那下临诸河的乐园，他们在其中得享用金镯和珍珠作装饰，他们的衣服是丝绸的。"可见黄金、珍珠和丝绸都是交易中最为贵重的物品。

1877年，德国地理学家费迪南·冯·李希霍芬之所以把这条古往今来连接东西方世界的贸易通道命名为"丝绸之路"（Seidenstrassen），也许正是因为他想将丝绸作为多元化贸易和交流的象征。虽然李希霍芬所说的丝绸之路特指"公元前2世纪—2世纪，以丝绸贸易为中心的贸易通道"，但在今天看来，丝绸之路不仅是贯穿亚洲东西两端，连接东亚和地中海地区的国际性贸易通道的总称，还是包含通过这条通道进行东西方文化交流的方方面面、普遍意义上的文化概念。

随着欧洲的东方学研究方向从西亚转向亚洲内陆，日本对丝绸之路的关注也逐渐增加，涌现了一系列学者：曾师从李希霍芬的白鸟库吉（著有《西域史研究》）、大谷光瑞率领的大谷探险队（著有《新西域记》）、桑原骘藏（著有《东西交通史论丛》）、藤田丰八（著有《东西交涉史研究》）、羽田亨（著有《西域文明史概论》）、石田干之助（著有《长安之春》），以及松田寿男（著有《古代天山历史地理学研究》）。他们基于前人的研究，为丝绸之路学做出了诸多世界性贡献，这些贡献值得人们为之自豪，也是理应被后世牢记的文化遗产，值得代代传承。

20世纪60年代至70年代，虽然东西方呈对立态势，但世界总体上还是处于相对安定的时期，在此期间以日本为代表，各国掀起了一股研究丝绸之路的热潮。旅途多艰，反而更让众人感叹古代探险家的伟大，许多以旅途中的不便或困难为乐的旅者被吸引而来，在这条亚洲古道上徜徉。考古学家、作家、诗人、画家、摄影家……都带着各自的梦想和憧憬，享受着自己的旅程。

然而，无情的战争击碎了人们探寻丝绸之路的梦想。1979年，苏联出兵阿富汗，让20世纪80年代至90年代笼罩在阴云之下；而21世纪竟在阿富汗的巴米扬大佛被炸毁所带给人们的沉痛中拉开了序幕。保护文化遗产的呼声再豪迈，听起来依旧那么空洞。大自然如此包容人类，人类却公然与它对立，走上过分干预它的不归路。

保护虽然也是人之所为，但这并不意味着要人为地重塑世界。卢梭曾说"保护是探索遵循自然规律之路"，而海德格尔则说"若不顺应森林之法的召唤调整自己的行为，保护就无从谈起"。

丝绸之路，如今又再次以其遥远和深藏的奥秘，唤醒了我们内心那股被遗忘许久的、几近枯竭的力量。探索丝绸之路的来历，追寻往来于此路的各国行人的足迹，侧耳倾听道路的召唤，还可以捡回一些时间，用于反省心智迷乱的当下。

即使决定出发，还是会担心路途的遥远。若是像玄奘所写的"自……行数百里"，那我们一步都迈不动。那么，那个时代的一里到底有多长？

业内关于唐代一里的长度议论已久。桑原骘藏在其名著《张骞远征考》中提出"汉唐的里程并无太大差异"，他在比较、探讨了既有结论之后，作出如是说明："李希霍芬主要基于玄奘的游记，主张玄奘所走过的二百五十里相当于赤道一度。由此可得，一里约等于四百四十米。"地理学者森鹿三延续这一说法，说明了过去以尺为基准测量里程的原委，而后写道："关于唐代的尺，（狩谷）掖斋[1]测量了收藏于法隆寺的尺八，那时候的一尺，大约是曲尺的八寸八厘三毛三丝三忽不尽……根据掖斋的这一说法计算唐代一里的长度，如果以小尺为单位，约等于曲尺的一千四百五十六尺（四百四十一米）……再回过头看，此处的一里约等于四百四十一米，和李希霍芬的看法相差无几。"（"汉唐一里的长度"，《东洋史研究》第五卷六号）本书通篇引用的《大唐西域记》均出自水谷真成[2]译本，水谷也基于森的学说表示"可视玄奘所说的一里约等于四百至四百四十米"。本书也采纳了这一见解。

　　收拾好行囊，我们该出发了。

　　我认为，丝绸之路用它通过所有形式展现出来的、至今仍然引人入胜的光辉，以及因此呈现出的不可思议的璀璨文明打动了我们的心，让我们心驰神往，是抚慰心灵的浪漫之源。如果能和玄奘一起踏上这段旅程，必定能收获更多心灵上的触动。踏上这段玄奘走过的未知旅途，梦幻也会萦绕我们的内心。凭借玄奘如实记录的旅途见闻，开启一场阅读之旅吧。放飞你的思绪，前往思想的彼方。

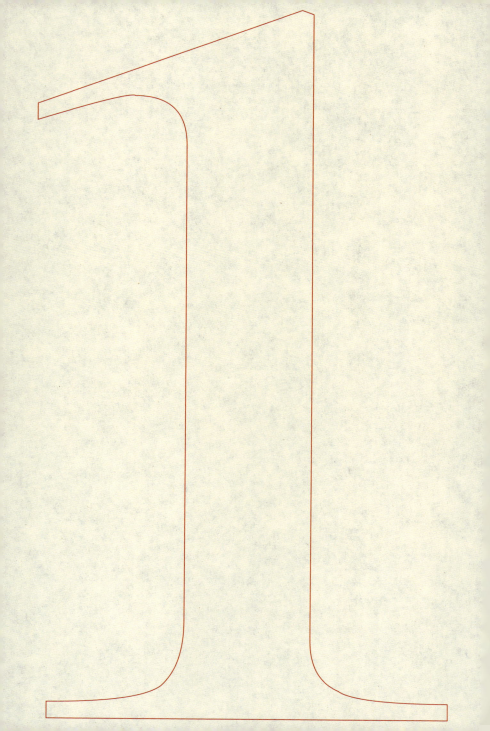

＊　＊　＊　＊　＊　＊

宁向西天一步死，不向东土一步生

1. 历史的动荡

少年"祎"的诞生

那是一座位于河南洛州的农家小院，一个男人冷静地看着动乱不休的俗世悲欢。岁月如梭，他的第四个儿子即将诞生。彼时隋文帝的通济渠——连接黄河和淮水的南北向运河——的开凿工程尚未完工，远处传来车马喧嚣和人声吵嚷。

这家父亲姓陈，名惠，历任陈留、江陵等地县令，是当地名士，他看不惯当时争名夺利的官场，向往和家人一起过悠然自得的安稳日子。辞官之意虽酝酿已久，却还未能告假归田。这家母亲名不见经传，据说是"洛州长史宋钦之女"，身体健康，已诞下三男一女。他们给呱呱坠地的幼子取名为"祎"，他后来出家，法号"玄奘"。

玄奘生于隋文帝杨坚在位期间，关于他的生年，一说是开皇二十年（600年），另一说是仁寿二年（602年）。生年说法不一的主要原因是，名人扬名之后才记录卒年，后人通常是根据卒年来推算其生年。隋文帝将年号"开皇"改为"仁寿"时已年过花甲，改元是"为祈求皇帝延寿，然'仁寿'也不过徒有佳名"。仁寿四年（604年），隋文帝驾崩，有病死和遇刺两种传言。少年陈祎出生在安稳平和的农村，远离宫中钩心斗角的权力斗争，深受喜爱读书的父亲影响，自幼爱和次兄陈素一起读书。相传其父早年就精于四书五经的研究，身边总是放着各种各样的典籍。

在陈祎两岁那年的夏天，醉心于振兴佛教的隋文帝效仿印度的阿育王[1]，向国内三十余州广发敕文，下令建造佛舍利塔，其主要目的还有以新朝视角重修灭亡的南朝佛教荒废的历史。陈祎三岁那年正月，隋文帝再次下令在全国五十个州兴建舍利塔，命僧侣在四月初八捧着舍利（佛的遗骨）送往各州，以纪念释迦牟尼诞辰。

父母双亡

陈祎四岁那年，母亲宋氏突然去世，这对尚在鸠车玩乐之年的幼儿来说，可谓是莫大的悲痛。是年秋季，隋文帝也去世了，王室上演了一出骨肉相残的悲剧，废太子杨勇（文帝长子）被杀害，皇太子晋王杨广（文帝次子）继位，成为隋朝第二代皇帝——隋炀帝。次年，炀帝改元"大业"，陈祎之父陈惠下定决心辞去了江陵县令一职，归隐乡里，一边沉浸于读书之乐，一边倾尽全力抚养孩子。

陈惠发现陈祎天资聪颖，八岁即可快速、准确地理解书籍真意，于是开始以口述的形式教他孔子传授给曾子的《孝经》。之所以教《孝经》，大概是想告诉幼年丧母的孩子，亲情是通过爱与敬来维系的，不会因为母亲的去世而消失，并通过这种方式来消除母亲去世留给孩子们的悲伤和不安。陈祎唯一的姐姐则勤快地操持着家务。

对儿女疼爱有加的父亲，在陈祎九岁那年（即大业五年，609年）也突然撒手人寰。次兄陈素试图拯救因为父亲突然去世而陷入窘境的家庭，于是独自离家前往东都洛阳，寻访前一年刚刚迁址到罗郭城东面中门的净土寺，落发出家，法号"长捷"。

前往洛阳净土寺

没了父亲和次兄，贫穷的家里也没了陈祎的立足之地，他只好带着父母尚在时的温馨回忆离开家门，背井离乡。天下之大，只有次兄寄居的洛阳净土寺可以栖身。洛阳，这座由北魏孝文帝兴建的都城，曾经盛极一时，寺庙鳞次栉比，庙堂高塔林立；可昔日繁华化为灰烬、庙塔成为废墟之时，距离北魏官吏杨衒之将亲眼所见的洛阳盛景写成《洛阳伽蓝记》一书不过才半个世纪。作为隋朝的东都，洛阳在政策上得到了隋文帝和隋炀帝两代天子的支持，佛教复兴的势头迅猛，此时刚刚找回昔日的祥和安宁，不过还远不及往日的辉煌。

翌年，十岁的陈祎叩开了净土寺道场之门，前来投靠次兄长捷。曾经同在父亲膝下学习的兄长深知，陈祎虽然年少，但是已经具备了相当高的佛法诵读能力，便推荐他为少年行者（童僧），先从诵读、学习经典开始。陈祎最初捧起的佛典是《维摩诘经》和《法华经》。恐怕当时众人读的都是享负盛誉的鸠摩罗什汉译本吧，更何况相传净土寺里还安置着鸠摩罗什从龟兹国背回来的丈六（高约一丈六尺，约4.8米）檀木像。这种际遇仿佛是命运的安排，在陈祎心上留下了深刻的烙印，让他久久难忘，挥之不去。另外，据《续高僧传》记载，长安胜光寺的僧人慧乘曾为高昌王麴氏讲读《金光明经》。

出家与求学

　　同年，隋炀帝下敕文，要在洛阳选拔二十七人剃度为僧。高句丽久攻不下，炀帝却依然信心十足。他三番五次下诏修寺庙、造佛像，筑塔度僧，大概暗含着这样的野心——以受菩萨戒（持律仪、修善法、度众生）的天子身份振兴佛教，留下"明君"之美名。然而，对刚刚年满十岁、尚未出家的陈祎而言，即使每天专心读经，也几乎无法从已经学有所成的数百人里脱颖而出，被选为度僧。负责遴选的使者是以"清廉"和"慧眼识英"著称的大理卿郑善果。

　　陈祎因年龄不足，无法混入衙门应试，便落寞地伫立在衙门外，郑善果独具慧眼，一下子就注意到他，遂起身，唤他进门来，问他家在何处、是否有为僧之意、出家后想做什么。陈祎面无惧色地脱口而出："意欲远绍如来，近光遗法。"郑善果对周围的官员说："不可错失这样的人才。"后来，陈祎得以剃度出家，法号"玄奘"。

　　成为净土寺僧人的玄奘，在听完本寺僧人景法师所讲的《涅槃经》后，立刻为之着迷。为理解其中的奥义，他勤学苦读，乃至废寝忘食。当时，描写佛祖释迦牟尼入灭（圆寂）经过及其深远意义的经典已有多个汉译版本，其中既有小乘佛教也有大乘佛教，关于释迦牟尼之死既有灭的说法，也有不灭的说法，众说纷纭。时年十岁的玄奘到底理解到何等程度，我们不得而知，但可以肯定的是，他迫切地想要探究佛理奥义，说不定已经翻阅过无数遍《大般涅槃经》——由东晋的法显法师于印度发现并翻译的经典。

　　也是在那个时候，玄奘接受了学僧严法师对《摄大乘论》（简称

《摄论》，意为"大乘佛教总述"）的启蒙讲学。《摄大乘论》由生于
犍陀罗国富楼沙（今白沙瓦）的大乘论法师无著菩萨撰写，后来被
视为唯心思想（认为所有存在都是心像显示的一种思想）的基本经
典之一，这本书一定深刻地磨炼了少年玄奘的思想。相传《摄大乘
论》最初的汉译本出自北印度佛陀扇多之手，而玄奘读的应该是真
谛法师于563年至564年在广州制旨寺译成的第二个版本。书中开篇
断言《摄大乘论》既是阿毗达摩的教诲，也是大乘佛经"，定让玄
奘激动不已。梵语是真谛法师的母语，他的译文一定让玄奘感受到
压倒性的说服力。

　　玄奘在净土寺内不分晨昏地诵读经典、潜心学习的时候，寺外
却不太平，先有黄河泛滥（大业七年，611年），后有隋炀帝远征高
句丽失败，杨玄感趁机发动叛乱，各地盗贼跋扈，隋朝命数将尽，
乱世征兆搅得百姓人心惶惶。

2. 宛如风中飘摇的落叶

离开战乱中的洛阳

　　出家后转眼便是五年，十五岁的玄奘从未离开过高僧云集的洛
阳，终日沉浸于钻研学习。叛乱之火迅速蔓延，大有燎原之势，难
以扑灭。那时叛乱正演变成强大军事力量之间的对抗，而隋炀帝尚
远在南方的江都（扬州），仍未切身感受到面前的危机。即使李密
（曾为隋炀帝朝中的武官，后为杨玄感参谋）造反，炀帝仍无意离开
江都，只派了猛将王世充赴洛阳平叛。于是，洛阳最终被卷入激战

的旋涡之中。李密被盛彦师所杀，在太原起兵的李渊（后来的唐高祖）占领了长安，拥立炀帝之孙杨侑为帝，并于617年改元"义宁"。

洛阳的寺庙也成了纷乱的战场，断了供奉的香火钱后，僧人们相继逃离，生活也陷入贫苦。玄奘感觉到，就这样留守在洛阳，非但无法继续学习，甚至还有可能丢掉父母赐予的宝贵生命，于是和长捷商量。风闻李渊在长安设立新都城，那里还很安定，兄弟二人便决定一起逃往长安。第二年，即义宁二年（武德元年，618年），大概是在听到隋炀帝驾崩（三月）、李渊在长安即位（五月）之后，二人同往父母的墓前禀告去意，旋即动身赶往长安。他们此次投奔的是与隋文帝颇有因缘的大庄严寺。

可是，因隋末群雄在中原各地掀起的叛乱尚未完全平定，长安仍处于战时体制，寻求安宁之地的高僧们宛如风中飘摇的落叶，四散于各地，很多僧人不停地向西、向南前行，一直走到了蜀地（成都）。

唐朝虽将"义宁"的年号改为"武德"，但因刚刚建朝，根基不稳，相比拥有名扬天下的四大道场的洛阳，长安还不足以被称作"佛都"。然而，不容忽视的是，比起求问教义深浅，僧人们更在积极寻求能灵活适应动荡时代的教法。在末法思想的引导下，推进佛教的大众化、博取大众欢迎的新兴宗派三阶教就是其中之一。三阶教以创设于长安化度寺的无尽藏院（将信众捐赠的财宝用于救济穷人、修复寺院等事务的一种金融机构）而闻名，人们都争先恐后地喜舍。当时三阶教的诸多僧人手托钵盂沿街化缘，为信众喜舍而积极奔走的现象，也在动荡时代中应运而生。

以成都为目标

　　玄奘这年已经十八岁，一心只求探明真义。勤奋向学、多愁善感的他，在少有值得学习之人的长安逗留无异于虚度光阴。于是他多次恳求一路同行的兄长："在大庄严寺学不到什么有价值的东西，不妨一起去蜀地。"

　　二人背着装满经书典籍的背箱，向着西南的蜀地启程。虽然在更遥远的西面，西突厥军队那令人毛骨悚然的马蹄声逐渐迫近，但两位青年仍然胸怀大志，先出了长安，翻越南山，随后沿着丰川水流转向西南，踏上子午古道，然后抵达距长安百里之遥的子午谷。穿过子午谷后，他们仍未放慢脚步，一心向前，最终抵达汉川。

　　二人竟然在这里和洛阳高僧空法师、景法师不期而遇。玄奘在净土寺期间曾跟随景法师学习《涅槃经》，久别重逢，自然欣喜万分，一行人决定再次暂卸行囊，稍作停留。据说在汉川的一个多月里，玄奘二人专心地听取了二位法师对《摄大乘论》和《阿毗达摩》（一部论典，又音译为《毗昙》）的讲义。

　　他们距离目的地成都依然遥远，汉川不宜久留，于是便又匆忙向成都赶赴，当然在旅途中也未曾中断过学习。从汉川到西南的成都并非坦途，必须穿过峡谷小道，翻过巍峨的剑阁群山。不过，为进蜀躲避战乱，就连年迈高僧都能征服这些险道，蜀道再难，对于年轻的玄奘兄弟二人来说，也不是不可逾越的天险。

　　成都是蜀国古都，地处岷江流域，自然资源丰富，犹如一朵美丽的芙蓉，静静地矗立在肥沃的四川盆地中央，是富饶和平的都城。

据说蜀地曾经是蚕神蚕丛氏建立的国家，这位蜀王把养蚕技法传入了成都。成都自古以来养蚕业就很兴旺，质量上乘的织锦尤为出名，成都也因此被称为"锦城"。提到成都，人们自然会想到杜甫在这郊外松柏成荫、竹林繁茂的和平之地搭建的草堂。玄奘在这里看到的不论季节变化周而复始的养蚕光景，想必会成为他终生难忘的记忆。过了很多年，他在从印度回国的途中，拜访了西域于阗国（和田）的某座寺庙，当看到一块记载养蚕业起源传说的版画时，他对成都的记忆一下子如泉喷涌。

玄奘和长捷跋山涉水，终于抵达成都，为寻求可寄居也可继续学习之地，他们来到空慧寺，请求入其门下。成都当时已有来自各国的众多高僧，他们云集于此，各抒己见，开设佛教讲座。据说，玄奘在洛阳就参加过因讲学《阿毗昙心论》而声名远扬的河南道基、宝暹两位高僧的佛法讲座，他有时还会去听道振法师的《八犍度论》讲座，可见青少年时期的玄奘是多么喜爱关于佛教的复杂议论。这些议论反映了当时佛教的教学方式，是玄奘学习独立思考的必经之路。

和兄长分别

武德三年（620年），玄奘在成都迎来了他的二十岁生日，在受具足戒（成为僧人必需的戒律）之后，他终于取得了正式僧职。作为空慧寺的住僧，他在坐禅修行之余还学习了佛门戒律。此时长捷已升至宣讲佛法的职位，由于自幼受教于父亲，他对儒学、道学同样精通，有着佛、儒、道三教并立时代的教学风气，仰慕他的人也非常多。

终于，渴望将佛教真理追求到底的玄奘和承袭父亲文人风格的兄长迎来了离别时刻。玄奘在成都一直待到武德六年（623年），其间如饥似渴地阅读大乘、小乘的经论，勤奋学习，学完了蜀地的经论，便再次求告兄长，想要重返长安。

好不容易在成都站稳脚跟，温厚的兄长试图安抚玄奘高涨的情绪，劝他留下，还告诫说按照寺中规矩不可立即离寺，但玄奘那一心向学的热情并未减退。性急也是青春年少的特征。

玄奘终于等到悄悄脱身的机会，他混入一群往来蜀地的商人中间，经峡谷走水路，到达岷江与长江的交汇处，从三峡而下，最后抵达洞庭湖东北方的荆州，投宿于天皇寺。或许是因为荆州百姓对玄奘的评价逐渐传扬开来，抑或是因为本就对佛教兴趣浓厚，声望颇高的荆州都督汉阳王李瑰主动要求玄奘在天皇寺开设讲座。隋炀帝的佛门师父、慧思高德的智颛是荆州人，也曾在此召集"听众五千余人"开设讲坛。玄奘带着从未有过的紧张和高昂的热情，讲授自己已经仔细推敲过的《摄大乘论》和《阿毗达摩》。座下提问积极，玄奘也答得清晰，无论是汉阳王还是老百姓，都为玄奘超群的学识而叹服，布施一下子堆如小山，玄奘却分文不取。

入冬后，已在天皇寺举办三场讲座的玄奘再次沿长江东下，前往扬州，拜访成实学派（一个具有江南佛学特征的学派）的名僧智琰。"尽己所能遍访俊秀，悉数请教"（辩机语），玄奘的这一志向毫不动摇。因拜访得多，知道众人所持的不同见解，他不仅拓宽了自己的视野，追求佛理的热情也更加高涨。

世间少见的年轻人

离开扬州后，玄奘朝远在北方的相州²走去。此行是为了前去面见慧休法师。慧休法师，即记载于《续高僧传》卷十五中的"相州慈润寺释慧休"，河北人，在洛阳师从灵裕法师学习《华严经》，在渤海跟随明彦法师学习《成实论》，跟随志念法师学习《阿毗达摩大毗婆沙论》，一生都在钻研学习。玄奘前来拜访时，慧休年事已高，是一位名副其实、声名远扬的得道高僧。然而，出人意料的是，玄奘赶赴相州，只为求解有关《摄大乘论》的疑惑。相州是三阶教祖师信行禅师的出生地，也是三阶教的发源地。而宝山寺的住持、隋朝国统僧官灵裕法师的理论才是孕育三阶教的根基。慧休便是这位灵裕法师的弟子，自然也不可小觑。在慧休和玄奘这一老一少两位学僧之间进行过怎样的对话，已经无从考证。《续高僧传》只记载了二人在相处的八个月里，像故交旧友一般交谈，玄奘向慧休讲述了自己学习《杂心论》和《摄大乘论》的心得，请慧休批评指正。

隋朝灭亡后，在建立新朝的进程中，佛教界也和社会的改造发生互动，迎来了生机勃勃的变革时期。这个混沌的旋涡正是玄奘不停向前奔跑的动因。现象背后存在怎样的本质？究竟有没有本质？凭借年轻人特有的求知若渴的冲动，玄奘埋头于佛经、拜访法师高僧，以寻求当行之路，这才来到了相州。"真是世间少见的年轻人啊。"慧休法师送走玄奘时自言自语道。

玄奘离开相州，继续北上前往赵州，去拜访《成实论》的学者道深法师。据说道深和慧休一样师从志念法师，那么此次赵州之行想必也是慧休推荐的。玄奘向道深请教了哪些关于《成实论》的问题，我们不得而知。这本论书巧妙地融合了小乘和大乘的思想，年轻气盛的玄奘定有许多问题想问吧，两人也许还围绕鸠摩罗什的汉译本进行了几番问答。玄奘的目光未停留在对构筑佛教思想概念起了很大作用的《成实论》上，而是转向《俱舍论》，后者虽然更艰深晦涩，但批判性地围绕更清晰的哲理展开了讨论。

对"至理"的热情

从赵州奔赴长安的途中，玄奘应该回过阔别已久的洛阳。但不知他是否顺路回到曾因思念兄长而离开的故居，到父母墓前祭拜。他此次的目的地是正在蓬勃发展的唐朝新都长安，与东都洛阳相比，长安为他展开了一个更宽广的世界。唐高祖武德四年（621年），拜火教（也称祆教、琐罗亚斯德教）已经在长安建造了祠堂，摩尼教（明教）也建造了寺庙，长安充满生机，不复玄奘当年所见的战火纷飞的模样。外国人频繁穿梭于市井也已经不是什么稀罕事儿，粟特人（说古中东伊朗语的中亚古老民族）也随处可见，有时甚至还会看到突厥使者的队伍。看到这些异教、异族文化如杂草般坚韧地扎根，逐步壮大，玄奘追求佛理的斗志被进一步激发了。

玄奘进入长安后，先拜访了大觉寺，向寄居于此的道岳学习《俱舍论》。玄奘这年（武德八年，625年）二十五岁，开始渐渐看清自己应该走的游学之路。

道岳本是洛阳人，学识渊博，师从真谛法师的弟子道尼学习《摄大乘论》，进而自学《俱舍论》并为之倾倒。玄奘在洛阳净土寺出家时，道岳已经四十五岁，和法常、僧辩同为洛阳大总持寺的杰出论客。道岳深感想要彻底明白《俱舍论》的真理，依靠前人的注解是重中之重，因此，为了寻求慧恺（曾接受《俱舍论》的汉语译者真谛法师亲口传授的僧人）所执笔的《俱舍论疏》而动身前往广州，后在显明寺找到该书，然后进行了深入的阅读学习，达到了滚瓜烂熟的程度。此时，他萌生出重新总结该书，并将其记入自己的论著《十八部论疏》的想法。玄奘到此终于得以谒见在中国研习大乘理论与《阿毗达摩俱舍论》的最高学僧了。自南北朝以来，真谛法师的旧译本对中国佛教产生了重大影响，玄奘也从中深受启发。后来，玄奘修学后形成的新译本，与真谛译本在佛学史上分庭抗礼。

青年玄奘充满活力，他的精神食粮显然是真谛法师翻译的诸多经书。时代变了，无著、世亲的著作对年轻的玄奘而言，一定是值得反复细读的"精神现象学"。不过，真谛法师已经入寂很久，玄奘只好遍寻继承真谛学说的高僧，认真倾听他们讲解的真谛论述的含义。虽然终于可以和道岳相对而坐，倾听他的讲说，但玄奘还是不由得感叹：只要还是以真谛法师的译文和他对其中词语的解释为基础，就无法接触到新学问的本质思想。

转眼又是一年，玄奘仍在长安，跟随继承法泰和智凝学统的僧辩学习《俱舍论》，并向昙迁的弟子法常求教有关《摄大乘论》的疑问。玄奘终于在二十六岁时通晓了必备的知识，问完了应问的问题，解开了应解的困惑，他理应感到充实。但是，在那个无论走到哪里，看到的都是译版、翻版经论的世界里，他很难说自己已经寻得了真理，因而那份充实感里也夹杂了些许不耐烦。玄奘突然想到，中国的佛典多是由西方人翻译的，并没有中国人亲自阅读原典，严格忠实于原文进行翻译。这样一来，译本中对词语、叙述的选择可能并未准确传达原著本意。于是，玄奘萌生了"一睹明法了义真文"（《续高僧传》）的想法。为了彻底深入追寻"真文"的奥义，他只能前往印度，勤加学习，向原典"问明所惑"，再将自己的学习成果反映到对经文的翻译中。玄奘下定了决心。

3. 触犯国禁，奔赴沙漠

即将踏上旅程

那一年腊月，一名印度僧侣跟随唐朝使者来到长安，他名叫"波罗颇迦罗蜜多罗"（简称"波颇"），寄宿在兴善寺，从事翻译经文工作。彼时的玄奘已经急不可耐，立刻起身前往兴善寺向他请教印度佛教教学的现状。当他听闻印度那烂陀寺中佛经讲学盛况空前，其中还不乏精通瑜伽学的老论师尸罗跋陀罗（戒贤）等传闻之后，确定了西行的目的地。

回顾往昔，法显、智严、宝云等先哲不也是为了追寻真正的佛法而踏上艰难险苦的旅程吗？他们横穿大漠，翻越雪山，膜拜犍陀罗与印度的圣迹，带回各种新兴的佛经原著进行翻译，为佛教的发展做出了难以磨灭的贡献。当时向西方开放的门户比之前的更宽，往来于都城长安的异域商人也日益增多。玄奘开始学习外语了。为了深入理解原著精髓，他首先必须通晓梵语。在都城长安找到一位精通梵语的好老师应该不难。据《续高僧传》（卷四·玄奘传）记载，他"广就诸蕃遍学书语"。"诸蕃"应该是指跟自己语言不同的外国人，希罗多德在《历史》中用"口音相异的人"（βάρβαρος）指代用非希腊语进行沟通的人，"诸蕃"的用法应该与之相同。另外，从"广就""遍学"可知，玄奘不仅学习了梵语，还学习了西域各国的语言，这应该也是为后续的旅行做准备。他事先学习各族语言的成果，也在旅途中发挥得淋漓尽致，这是因为语言能发挥丈量国家地域或文化差异的标尺作用。

唐高祖武德末年，战乱未平，在这样一个飘摇动荡的年代，玄奘的恒心似乎战胜了这些动乱，这可谓是青年玄奘的选择和时代产生碰撞的一种方式。

新年过后，玄奘年满二十七岁。贞观元年（627年），也就是李世民夺权即位的第二年，长安遭受饥荒，饿殍遍野。初春，玄奘被邀请至庄严寺，继承已故高僧慧因的衣钵，来庙常驻，但彼时他已志在印度，便礼貌拒绝，潜心等待离开长安的时机。

同年四月，在遥远的西方，萨珊王朝波斯地区，穆罕默德正致力于征服麦加，包围麦地那，发动引导伊斯兰教走向胜利的卡迪西亚战役，即著名的"浮桥之战"。不久后在世界史上掀起巨浪的伊斯兰教，当时还只不过是汪洋中的一个小水泡，传入长安的只有邻国突厥以及西域各国的动向。玄奘心无旁骛地做着旅行的准备，他在学习语言之余，还在收集此番西行所需途经区域的风土人情，对相关地理地貌也必定进行了详尽调查。裴矩的《西域图记》、法显的《佛国记》，都为他提供了参考。不仅如此，他肯定也收集到了来自印度、粟特等地的西域人士带来的最新信息，或许还向此前接触过的波罗颇迦罗蜜多罗请教了去往印度的路线。

在那个安静的八月清晨

玄奘提交了出国前往西域的正式申请，然而，当时的朝廷为维持国内社会的安定，仍然严格限制国境线上的往来，没有给予许可。此刻，四年前不顾兄长劝阻，悄悄离开成都，沿长江顺流而下，独自踏上旅途的情形，突然跃入他的脑海。他心中没有一丝突破国境的悲壮感，无计可施的他为了顺利抵达印度，只能默念"佛祖保佑"。这一年长安遭遇了天灾，受尽饥苦、流离失所的平民越来越多，西面又有突厥蠢蠢欲动，唐朝的前路尚不明了。

趁国局动荡，朝廷无暇他顾，玄奘匆匆备好行装，执一根手杖，毫不犹豫地离开了长安，抱着求不到法绝不再踏入东土的决心，奔赴秦州。同行的还有与玄奘一起在长安学习《涅槃经》的学友孝达，他刚好要回故乡秦州。这是一场宁静而又自然的旅行，开始于贞观元年八月的一天早上（一说是贞观三年，即629年）。

据说在离开长安的前夜，玄奘做了一个梦，梦见母亲问他要去哪里。幼年便体味到丧母之痛的玄奘，可能一直将对母亲的眷恋深藏在内心之中。"我要去寻求佛法。"玄奘答道。由此，他终于确定了背井离乡前往西域的理由。

西域的入口：凉州

长安距离秦州有八百余里，一个人无论腿脚再怎么强健，也不可能在一天之内到达。玄奘顺着渭水沿岸走了好几天才抵达秦州。

他与孝达在秦州告别，而后又结识了其他旅伴，大家一起渡过渭水，向兰州进发。秦州距离兰州约六百六十里，有两条路线可选：定西—兰州道和临洮—兰州道。当时玄奘选择了哪条路线已无从考证，就算循陇山古道西行，仍然要走上几天。那一晚，他与黄河对岸的兰州仿佛只有一步之遥。

正当他左思右想如何从兰州前往西北的凉州（姑臧、武威）时，恰好遇上输送官马归来的凉州人，便跟随此人一路前行。到达凉州之后，又从此出发经甘州张掖、肃州酒泉，踏上著名的河西走廊（东起黄河流域，西至甘肃省西部的东西向路线），国境的西部关口玉门关则近在眼前。玄奘情不自禁地握紧了手杖。

那时的凉州地带已经是沙漠绿洲。唐高祖于武德五年（622年）将河西划为五州（凉州、甘州、肃州、瓜州、沙州），分别设置总管府进行管辖。武德七年（624年），凉州总管府改称"都督府"，作为唐朝管辖西域的行政单位之一，发挥着巨大作用。与此同时，凉州还是东西方贸易往来的枢纽，佛教文化兴盛。据《梁高僧传》（卷二）记载，早在北凉玄始十年（421年），中印度高僧昙无谶曾到访姑臧，翻译了当地未有的《大般涅槃经》等各类经书，并将其传入中国。

在凉州，玄奘应众人之邀讲授《涅槃》《般若》二经以及《摄大乘论》，因为他的知识正在心中运化自如。昙无谶赌上性命，搜罗典籍，历经千辛万苦，终于在这里译成大乘《大般涅槃经》四十卷。玄奘将论述重点置于这部《大般涅槃经》上，无疑打动了凉州人的心。另外，当时朝廷对出国的管控依然严格，玄奘也希望通过赢得百姓的称赞和信赖，获得跨出国门的支持。据说法会结束那天，布施之物堆积如山，除金银货币外，还有马匹等大量牲畜。于是，不出所料，往来西域的商人们听了玄奘的讲座后，转瞬间便将他的大名传遍了周边地区。

"有僧将前往西方婆罗门之国寻求佛法"的传言也传到了凉州都督李大亮耳中。此人文武双全，为了恪守禁止国人出国的敕令，不可能对这种传言充耳不闻。他召来玄奘，询问传言真伪。玄奘毫不迟疑地回答："我只是想去西方探求佛法。"都督立刻命令他返回长安。不过，大概是因为他也感受到了百姓对玄奘的虔诚仰慕之心，并未动用武力逼迫玄奘返都。

阻拦前路的关卡

以聪明绝顶闻名于凉州的法师惠威，在与玄奘的交谈中与其产生了巨大的共鸣。惠威察觉到了玄奘的窘状，于是便派遣弟子惠琳陪侍左右，将其悄悄送至西面的瓜州（汉朝称"酒泉郡"）。两人选择夜间行路，掩人耳目。终于抵达瓜州时，玄奘已从长安走出"三千四百里"。瓜州是西域要冲，西北可通伊吾，西南可达敦煌，设瓜州刺史。刺史名为独孤达，对玄奘的到来十分欢喜，并邀请他开设法会。趁此机会，玄奘向众人诉说自己的"求法之志"，并为获取更详细的西域地理信息而多方打听，而答案却让他的心情更加沉重。

"从此处向北走，就是葫芦河，水流湍急，深不可测，根本无法渡过；上游是大唐西境关口玉门关，出关后，西北方向每隔百里便设有一座烽火台，共五座，均配有哨兵。这五座烽火台北面便是莫贺延碛（沙漠），是抵达伊吾的必经之路。"纵然玄奘意志坚定，在重新被告知出境的艰难之后，也有些不知所措。据说在瓜州，他有一个多月都处于沉默无语的状态中（《大唐大慈恩寺三藏法师传》）。

在这段时间内，玄奘想必一边寄宿在寺庙，一边向多次自由往返于边境的粟特商人打听所有地理地貌信息，还向胡僧（出身西域的僧侣）学习他即将前往的西域各地的语言，等待时机成熟。沉默的一个多月，也是他潜心研究出境策略的时间。另外，州吏再次收到通牒，要求找出偷渡僧人所在之处后将其遣返。但是，由于州吏恰巧尊崇佛法，在听闻玄奘的本意之后，对其网开一面。玄奘不再有片刻犹豫，决心离开瓜州。他先让一直陪侍左右但身体羸弱的惠琳返回凉州，再悄悄买下一匹精挑细选的好马，又雇了一个胡人，整理行装，等待夜晚到来，便离开了瓜州。这个胡人自称"石槃陀"，想必是石国出身的粟特人。既然要在危机四伏的旅途中做伴，彼此必须能够顺利沟通，玄奘此前所学的胡语发挥了重大作用。

九死一生，冲出国门

虽然《大唐大慈恩寺三藏法师传》详尽地记述了玄奘后来出境所经历的各种苦难，但也不过是对玄奘出发前收集到的各种信息进行戏剧性的加工罢了。关于这段经历，《续高僧传》的《玄奘传》里就冷淡得只字未提。

午夜过后，他们渡过了一条河，大概就是那条"葫芦河"。有人怀疑"葫芦河"就是后来成为节度使幕僚的诗人岑参在"苜蓿烽边逢立春，胡芦河上泪沾巾"（《唐诗选》下）中提到的"胡芦河"。中国考古学家黄文弼指出，从高昌古城遗址发掘出的文书残片中，也发现了"苜蓿烽"的字眼，他在《吐鲁番考古记》中提到，此地因大量种植苜蓿而得名。在苜蓿烽便可跟玉门关遥遥相望。

玄奘让侍从先出发前往敦煌，一定是为了防备不得已从西边玉门关（小方盘城）择路西行而做的选择。不过，玄奘此刻却在石槃陀的引导下，避开守卫森严的玉门关，从它北面并排而立的五座烽火台中觅得一条捷径。虽然渡了河，但不能远离河流，因为前路是寸草不生的不毛之地，而这条河是附近唯一的水源。在靠近第一座烽火台时，石槃陀表示不愿再继续冒险，拒绝同行，玄奘无奈之下，只能独自牵马而去。

在第一座烽火台附近，就在玄奘上岸想要离开河边的时候，箭矢迎面飞来，行动受制，他最终被带到烽火台内。在这里，他又得到了一个校尉的慷慨相助，校尉还告诉他，应该选择通往西北方向的第四座烽火台的路。从那儿出去，前方便是"上无飞鸟，下无走兽"的莫贺延碛。莫贺延碛古称"沙河"，据说全长八百余里。他在途中经历的"成百上千"的危难，据《大唐大慈恩寺三藏法师传》记载"不能备述"（无法详细记述）。

玄奘历经九死一生，终于穿过沙漠，最后与沙漠东端的伊吾遥遥相望。此时已是贞观元年（627年）年末。

* * * * * *

异域文化浓郁的西域

1. 带着黄金和丝绸

从伊吾至高昌

伊吾位于塔里木盆地的东北边、天山山脉的东端南麓，是中国通往西域的北路要冲，也是兵家必争之地。此地原属匈奴，东汉明帝于永平十六年（73年）占领该地并屯田驻兵，该地由此成为开发西域的重要据点。此后几经盛衰，至隋朝末年，很多西方的粟特商人（胡商）都移居此地。据说玄奘到达伊吾后在一座寺庙投宿，那寺中有三名汉僧，其中一位老僧人一看到玄奘的身影，便因思乡心切，腰带没系、鞋也没穿就跑过来，抱着玄奘号啕大哭。可见当时在伊吾，汉人已经非常少见了。

玄奘在西域风情浓郁的伊吾停留了十日，接受了胡僧和胡王的援助和供养，碰巧高昌国国王麹文泰派来的使者也同席而坐，这名使者回国后就向国王汇报了玄奘的事迹。国王立刻派遣使节拜见伊吾王，希望玄奘顺路前往高昌国。玄奘原本的计划是从伊吾前往天山北麓的"可汗浮图城"（吉木萨尔），然后再向西进发，可现在不得不应高昌王的请求，急忙骑马赶赴高昌王城。

离开伊吾后，玄奘在三堡转向西南，选择"经四堡、五堡、十三间房，沿沙漠边缘西行，到达吐鲁番的南线"（《吐鲁番考古记》第一章）。在六天后的傍晚时分，玄奘终于到达位于高昌国边境的白力城（《北史》所称"白棘"）。白力城乃高昌十八郡城之一，位于王城"以东一百六十里"，即今辟展（黄文弼《高昌疆域郡城考》）。城里人告诉前来投宿的玄奘说，国王已恭候多时，请他即刻出发。加之此地离王城也不算很远，玄奘无奈之下，换乘国王送来的宝马良驹，于"夜半"时分抵达王城。

王城已打开大门，迎接玄奘的到来，此时正值贞观二年（628年）一月。国王亲自走出宫殿，和侍臣一起秉烛列队恭候玄奘入城。待把玄奘迎至后院的楼阁后，高昌王郑重地向玄奘行敬拜之礼，接着王妃又前来拜见，各种烦琐的礼节一直持续到太阳即将升起之时，玄奘已经累得疲惫不堪、昏昏欲睡。就这样，玄奘开启了比想象中更加漫长的高昌国之旅。

邂逅麴文泰

据《北史·西域传》记载，高昌是曾经控制吐鲁番盆地的车师前国的故地。当时王庭位于交河城（雅尔湖故城）。据说在很久以前，汉武帝向西方输送讨伐的军队，军团疲于征战时会将最困窘的兵士留在这里。关于该地名的来源，一说是因为此地地势高，已经被开垦过，人们生活繁荣昌盛，故得名"高昌"；另一说，此地有汉朝的高昌壁，人们便以此作为国号。其后经历了几度变迁，麴氏当上国王之后，也沿袭了这一国号。高昌国距离长安都"四千九百里"，距离敦煌要赶"十三日"路程。据《北史》记载，高昌国人大都信奉"天神"和"佛法"。粟特人所带来的拜火教以及印度和西域佛僧带来的佛教都受到了很多人的崇拜。

当时的国王麴文泰于唐武德七年（《唐书·高昌传》)，即麴氏延寿元年（624年）从父亲麴伯雅手中继承了王位，于为王的第五年，即麴氏延寿五年（628年）的元旦迎接玄奘入国，那时的麴文泰非常希望在杂信（信仰各种宗教）盛行的高昌提升佛教的势头。国王满怀诚意地侍奉玄奘，并安排其与优秀的僧人见面，想尽量挽留他多待一段时日。眨眼间，十多天过去了。玄奘看穿了国王的心思，告诉国王自己决意继续西行。国王又是劝说又是威胁，软硬兼施，迫使玄奘改变心意。于是玄奘开始绝食，违抗国王旨意，表明初心之坚。绝食的第四天，任何人都能一眼看出玄奘的衰弱，国王明白强求无用，对自己的邪念感到懊悔，终于同意玄奘继续踏上寻求佛法的旅程。不过，他提出了两个条件：其一是玄奘从印度归来时，一定要再来高昌，并在这里住上三年，接受"我等弟子"的供养；其二是当下再多住一个月，讲授《佛说仁王般若波罗蜜经》。

于是，玄奘经过深思熟虑，讲解了当地人熟知的鸠摩罗什译版《佛说仁王般若波罗蜜经》（二卷）。或许选择这部强烈呼吁国家勿干涉佛教的经典，是玄奘别有用意。聆听玄奘的解说之后，国王的尊敬仰慕之情更深了。一个月转瞬即逝，玄奘起程的日子逐渐接近。为让玄奘能够抵御西域的寒冬，国王命人制作了法衣三十套，另配"棉帽、手套、靴、袜"等。据《大唐西域记》记载，除了生活必需品外，国王还为他准备了供"二十年往返"的必要旅费，绫绢五百匹、黄金一百两、银钱三万，另备马二十匹、力夫二十五人。此外，还准备了果味两车，作为进献给西突厥统叶护可汗[1]的贡品，这位可汗对玄奘此行的安全举足轻重。可以说，这一切都充分证明了国王的诚意，玄奘被深深打动了。后来，玄奘在从印度归国途中，也兑现了当时的承诺，再次到访高昌国故地。然而国王已不在人世，高昌国也已灭亡（640年）。黄文弼在此进行考古时，从古城旧址中发掘出大量不知何人所写的汉译佛典手抄本碎片，真是催人泪下。

"黄金与丝绸"之路

高昌王城自蒙古时代以后，被当地居民称作"哈剌和州"（哈拉和卓[2]）。此外"也有人称之为'伊迪库特·沙赫里'或者'达克亚努斯城'（都护之城）"（《吐鲁番考古记》）。相传，曾经有六位罗马人来到此地，修建了城池，其中一位罗马人名叫达克亚努斯，城池便因此得名。他们六人死后被埋葬于吐峪沟，合葬的还有他们带来的一只狗，据说至今当地人还会去祭拜。这个关于命名的传说是真是假姑且不论，高昌通过突厥和粟特与波斯萨珊王朝和拜占庭帝国产生间接交流却是不争的事实。

高昌国同为唐朝和突厥的疆域，必须置身于浑然一体的政治与文化中，审时度势，顺应时代潮流，探索国家的发展方向。麹文泰毫不吝惜地赠予玄奘的金银钱物（聚敛于王宫，在西方人眼中也十分珍贵的金币、银币，以及西方王侯贵族渴求的稀罕物绫绢）充分展示了高昌国曾经的辉煌。除了前文所述的财物，玄奘还遵照麹文泰的托付，将其亲笔写给途经的二十四国国王的信函代转，此举也体现了高昌国对附近国家的外交意向。每封托玄奘转交的书信都附带"大绫一匹"，作为贡品。

黄金与丝绸，超越了文化差异，让世界众生为之倾倒。玄奘带着这两样东西离开了高昌国。国王一直送到城西，惜别之情难以言表，不由得紧紧抱着玄奘，流下热泪。国王命人牵来马匹，又陪玄奘骑行了数十里才依依话别。此后，二人再也没有见过面。

玄奘的目标是前往第一封信的目的地——屈支国，即龟兹国。玄奘一行也有胡商加入，队伍一直向西驱马而行，很快就到达了无半城，地理位置相当于如今距离吐鲁番西南六十里处的布干。继续向西南前进六十里则是笃进城，即今天的托克逊。经过这里之后就进入了谷道，继续沿着向西南延伸的道路前进就到了阿父师泉喷涌而出之处，清代徐松在《西域水道记》中记载的"阿哈尔布拉克"就是其别称。这里立着一座石瓦塔，讲述着泉水的来由。玄奘一行在此处住宿，于次日清晨越过银山，即《西域水道记》中的库木什，库木什在维吾尔语中是"银子"的意思。玄奘一行虽然在此处受到山贼袭击，但最终还是翻过了银山，抵达海都河北岸，然而，相传胡商们为了及早获利，半夜提前出发了，结果遭遇了山贼，全部被杀害了。夜宿河边的玄奘一行人，第二天渡过了河川，继续向南前行四十里后，终于到达了阿耆尼国（哈喇沙尔）的王城。

从阿耆尼到龟兹

"阿耆尼"既有"分界之国"之意，也有"火焰"（梵语）之意。行至此地，可以说就完全进入了胡语的世界。阿耆尼旧名"焉耆"，王城是员渠城。英国考古学家奥莱尔·斯坦因在哈喇沙尔南部发现的"博格达沁"遗址就被今人视为员渠城遗址。

玄奘回国后立刻口述整理而成的游记《大唐西域记》，就是从这个阿耆尼国开始的。"四面据山，道险易守。泉流交带，引水为田"，玄奘的记录原封不动地引用了《后汉书》的描述。国王虽然率众迎接了玄奘一行，不过并没有提供粮草。于是，一行人在阿耆尼留宿一夜后便离开了。据说这是因为阿耆尼被高昌国攻打过，应该是麹文泰的父亲麹伯雅时代的事吧。

即便如此，玄奘也并未疏于观察。根据他的记载，此处土地适合种植"黍、宿麦、香枣、葡萄、梨、柰诸果……服饰毡（细软毛织物）褐（粗毛织物）"，暗示了丝绸的贵重。玄奘锐利的眼光还投向了当地佛教的发展情况，"文字取则印度……伽蓝十余所，僧徒二千余人，习学小乘教说一切有部。经教律仪，既遵印度，诸习学者，即其文而玩之"。

阿耆尼（即焉耆）的语言如今被称为"吐火罗语"（分焉耆语和龟兹语），属于印欧语系。焉耆语就是已知的两种吐火罗语（A/B语）中的A语。为什么该地区存有希腊语以及拉丁语所属的印欧语系语言，目前还没有明确的解释。玄奘会关注到这种未知语言，真可谓眼光独特。正如玄奘所说，这种语言采用印度的婆罗米文字书写。焉耆僧人们学习的经典，应该是从梵语原著翻译到吐火罗A语的译本。玄奘所说的"即其文而玩之"，是对他们忠实于原著、逐字逐句翻译的方法给出的评价；而他说焉耆佛教是"说一切有部（从小乘佛法上座部分离出来的部派佛教之一）"，也是因为僧人们学习的经典全部传自小乘系的有部。

赶路的脚步不容放缓，玄奘仅住了一夜就起程前往下一站——屈支国。《大唐西域记》记载，"从此西南行二百余里"，翻过一座小山。这座"小山"，在黄文弼笔下写成了"库鲁克山"（《塔里木考古记》）。玄奘在后文中又写，"越二大河"，不过另有一说是此为"一大河"的讹传，很难确定到底哪个说法才是正确的。黄文弼认为如果他最初渡过的那条大河是孔雀河，那么后来渡过的那条河应该就是克孜尔河。玄奘渡过这"二大河"之后，西方一马平川，大约再催马前行七百余里，就进入了屈支国境内。

据《魏书·西域传》记载，"龟兹"与"焉耆"之间相距"九百里"。据《新唐书·西域传》记载，"自焉耆西南步二百里，度小山，经大河二，又步七百里乃至"，可以很明显地看出是引用了玄奘《大唐西域记》的说法。玄奘远望着龟兹王城，心中不由得激动万分，心潮澎湃。他早年起习读、日日亲近、努力研学的众多汉语版经典都是伟大的鸠摩罗什法师从原著翻译过来的，而龟兹正是鸠摩罗什的故乡。一想到这里，玄奘不由得更坚定地迈开了步伐。

2. 鸠摩罗什的故乡

佛教兴盛之国——龟兹

玄奘一行刚走近王城东门，便看到很多人出城迎接。那位率领群臣、身着格外华丽服饰的人物正是龟兹国王。当时的国王是出身"屈支族"的苏伐叠，并非班超攻下龟兹时代（永元三年，91年）之后的"白"姓。学术界认为当时的王城还沿用汉代以来的称呼"延城"。

和国王一同出迎的还有龟兹国高僧木叉毱多。城门前拉起了帷幕，置于其中的行像（安置在装饰性花车上的佛像）被拉了出来，音乐响起，等候玄奘到来。在木叉毱多的邀请下，玄奘一同入座，这时，一位僧人为玄奘奉上了盛满鲜花的盘子。玄奘接过花盘，走向佛前，散华礼拜之后返回坐席。众人也都接二连三地散华，最后奉上葡萄汁，法会终于结束了。这一天，各个寺庙都相继邀请玄奘亲临法会。此地有一座寺庙，僧人都来自高昌国，他们听闻玄奘是由祖国而来，倍感怀念，恳请法师到寺里"过宿"（留宿过夜）。玄奘说愿意前往，所以，国王和其他僧人只好答应，各自打道回府了。

第二天早晨，国王派使节邀请玄奘进宫接受供养，玄奘正式谒见了国王，奉上了高昌王托付的亲笔书信和绫绢。虽然国王彬彬有礼地招待了玄奘，但玄奘对国王的观察却十分尖锐，评价他"智谋寡昧，迫于强臣"（《大唐西域记》卷一·六）。不过，由于要拜访之处很多，加之需要确定接下来的行程中冬季道路积雪的情况，玄奘在此处停留了六十余日。

龟兹国的佛教从3世纪左右开始兴盛，在王侯贵族中间被广泛接受，势力非常庞大。所以，从此地奔赴中国，翻译经典，致力于佛教普及的人也不在少数。这个国家精通东方或西方语言的人才辈出，主要得益于龟兹国拥有可以包容不同语言的地理与文化环境。玄奘对龟兹国的记述也如同对焉耆的记述一样，"文字取则印度"（文字以印度为范本），暗示龟兹语和焉耆语同属吐火罗语，即B语（龟兹语）。此外，玄奘还提到："经教律仪，取则印度，其习读者，即本文矣（教义的标准以印度为规范，大家反复诵读、学习的都是印度文）。"这表明龟兹国是通过原文（梵文）来学习经典的，玄奘在此停留，应该也是为了探寻梵文原著。

不知玄奘是否拜访了留下鸠摩罗什勤勉翻译身影、由龟兹王白纯修建的新寺。

与鸠摩罗什深有渊源之地

鸠摩罗什出生于东晋建元二年（344年），父亲是出家后从印度翻越葱岭（帕米尔高原）来到龟兹国的鸠摩炎，母亲是龟兹王的妹妹。母亲怀孕时，为了能生下聪明的孩子，常去位于城外东北苏巴什附近的"雀梨大寺"（《高僧传》卷二）供养听法。虽然这只不过是讲述贵人诞生时一种屡见不鲜的传说，但他母亲的确聪颖。据说罗什原名"鸠摩罗耆婆"，是结合父亲的名字"鸠摩"与母亲的名字"耆婆"而来。罗什七岁时，和母亲一起出家；九岁时，跟随母亲渡过辛头河（印度河）抵达罽宾国（今克什米尔一带），在那里遇到罽宾王的堂弟，即德高望重的盘头达多，并师从于他学习《阿含经》等小乘佛典，与宫中外道论师之间的讨论也锻炼了自己的言谈；十二岁时，和母亲一起重返龟兹国。之后，罗什又和母亲一起周游西域诸国，渐渐被大乘佛教的经论深深吸引，并为之倾倒，终于幡然醒悟："吾昔学小乘，如人不识金，以鍮石为妙。"据《高僧传》记载，鸠摩罗什后来在结缘出家的雀梨大寺大量诵读大乘佛教的经论，领悟了其中的奥秘。雀梨大寺是龟兹国内的几大伽蓝之一，北魏郦道元的地理书《水经注》（卷二）中也有提及："国北四十里，山上有寺，名雀离大清净。"玄奘拜访的"昭怙厘伽蓝"定是这里。《大唐西域记》（卷一·六）写道："荒城北四十余里，接山阿，隔一河水，有二伽蓝，同名昭怙厘，而东西随称。佛像装饰，殆越人工……东昭怙厘佛堂中有玉石……色带黄白……其上有佛足履之迹，长尺有八寸，广余六寸矣。"玄奘兴奋地观察寺庙每一个角落的画面跃然纸上。法国语言学家、中亚考古学研究者保罗·伯希和主张"雀梨""昭怙厘"在吐火罗语中都相当于"舍利"（塔、寺院）的音译（《吐火罗语和库车语》，出自《亚洲学报》，1934年）。

另外，此处所说的"荒城"可视为玄奘在《大唐西域记》较前段落中提到的"国东境城"。传说此城北边有一潭龙池，住在里面的龙会飞出来与马交配、与人交配，以增强势力，其后代力大无穷，根本不听国王的命令。于是国王恼羞成怒，引突厥人入城，将城中之人斩尽杀绝，这座城便因此人烟灭绝，成了一座空城，因此得名"荒城"。玄奘听了这个虚实交织的"龙池"传说，就原封不动地记录下来，他的做法简直和现代的人类学者毫无二致。

罗什波澜壮阔的一生就此拉开了序幕。由于军事力量强弱的差距，各国之间产生了激烈的动荡。东晋义熙二年（406年）以后，鸠摩罗什被迎入长安，在长安大寺翻译《法华经》《维摩诘经》。鸠摩罗什摸索着经书的翻译方法，将梵语原文中流畅而华丽的词句翻译为汉语。他的译本成为不朽的经典之作，流传后世，被各寺庙诵读至今。鸠摩罗什翻译了"三十五部二百九十四卷"（《出三藏记集》卷二），可谓名副其实的"旧译弘将"。

罗什于义熙九年（413年）在长安大寺寿终正寝，一生度过了七十个春秋。不难想象，玄奘一定追忆着罗什，在龟兹国度过了两个多月的时光。

当时的龟兹石窟群

　　玄奘记载，当时的龟兹"伽蓝百余所，僧徒五千余人"。这些伽蓝中是否包括库木吐拉、克孜尔等今日举世闻名的龟兹周边石窟群，目前还不得而知。但是，由于这些石窟最早开凿于5世纪左右，玄奘极有可能曾被带去参观。库木吐拉石窟比克孜尔石窟离龟兹更近，里面有57个佛洞，现在已经探明其中26个由龟兹人所造，24个由汉人所造，3个由回鹘人所造，其余4个因线索已经消失，难以判断出自何人之手（晁华山《库木吐拉石窟初探》）。由于汉人窟被认为建造于龟兹受唐朝支配的长寿元年（692年）以后，即使玄奘当年前去拜访，看到的应该也只是龟兹人建造的石窟。有的石窟或许还带有寺名。墙上的壁画由活跃于西域的画家或修建石窟的工坊所绘，使石窟显得庄严。虽然德国考古学家阿尔伯特·格伦威德尔为克孜尔"画家洞"壁画中描绘的画家拍了一张照片，可那明显是西洋人（右图），不能断定为"吐火罗人"。

　　此外，玄奘还写道，龟兹"土产

克孜尔"画家洞"壁画中描绘的画家

黄金、铜、铁、铅、锡",所以，也许他还参观了开采矿石的现场。他的记载中出现了一样焉耆不出产的水果，那就是石榴。他到访的季节看不到满树又红又大的果实，但他应该品尝过酸甜可口的石榴汁。

3. 关于去势的传说

传播"吐火罗语"的伽蓝

玄奘在离开龟兹之前拜访了阿奢理贰伽蓝，陪同龟兹王出迎玄奘的木叉毱多就住在那里。该伽蓝位于城的西北方，渡过一条河就是了。

据伯希和所说，这条河就是在库木吐拉西边流淌的木扎尔特河，河畔的玉其土尔·夏克土尔遗址（伯希和称之为"都勒都尔·阿护尔"）应该就是那座伽蓝的所在之处。1906年，伯希和发掘了此处的书库（面积五米见方），发现此地出土的大量婆罗米文书籍中混有吐火罗语书籍。后来，法国杰出的佛教学者、语言学家西勒万·列维（1863—1936年）进一步说明这种语言是1世纪前后至唐朝期间龟兹的主要交流语言（《库车的语言——吐火罗B语》，《亚洲学报》，1913年）。1890年，英国骑兵上尉汉密尔顿·鲍威尔在当地获得了佛典的桦皮（白桦树皮）手抄本，这也成为19世纪末欧洲产生探索中亚热潮的契机之一。伯希和在奔赴敦煌的途中，也曾经绕路来过这里。

"阿奢理贰"如梵语的原文注解所述，意为"奇特"。玄奘如实记录下了这座伽蓝的风貌，"庭宇显敞，佛像工饰"（庭院宽敞，建筑宏伟，佛像庄严华丽）。伯希和的报告称，该遗址也证明了玄奘记述的正确性。根据他的同伴威兰特绘制的遗址地图，建于伽蓝正中间的中庭单边长度达55米。巴黎的吉美博物馆收藏了一面壁画墙，据说发现于玉其土尔·夏克土尔，描绘了一个婆罗门苦行僧（头陀）将龟兹佛教文化的芬芳毫无保留地释放出来的画面。

听一听古老的传说

据说聚集在这座伽蓝的僧徒都"德高望重""博学多才"。虽然木叉毱多也是出类拔萃的僧人，但他对所学经论的理解不如玄奘游学后的理解深。玄奘在与木叉毱多辩论时感到沮丧，不过，在这里听老人们传讲"阿奢理贰"的渊源故事时，玄奘一字不落地记录了下来。

老人们讲的故事是这样的：

从前，这个国家的国王非常崇敬三宝（佛、法、僧）。某天他想远行参拜佛陀的圣迹，于是，他命令自己的同胞弟弟全权代理自己处理国事。弟弟受命后就悄悄自宫（他这么做是为了防患于未然），然后将割下的男根置于金匣内献给国王。国王问他："这是什么？"弟弟答："请您回来后再打开。"于是国王便把匣子交给侍卫，让军队看守。

国王回来后，果然有人进谗言说："国王把治国重任交给了王弟，可他却趁机扰乱后宫的风纪。"国王一听，果然大发雷霆，准备将弟弟处以极刑。弟弟说："我不会逃避责罚，但在那之前，请您打开出发前我交给您的金匣。"国王按弟弟的话打开匣子一看，竟然是割下来的男根。国王问："这是什么奇怪的东西，你能解释一下吗？"弟弟答："国王您远行时，命我代理您执掌国政。我担心之后会有人进谗言，便自断男根，就是为了自证清白。如今果然出现了这样的事，望国王明鉴。"国王对这个意外深感吃惊，对弟弟的爱也因此更加深厚了，还允许他随意出入宫闱。（前半部分）

后来有一天，国王的弟弟在路上偶遇一个牧人，赶着五百头牛，一问得知牧人准备把它们送去阉割。弟弟见此情形，联想到自己的过去，思及这些牛也将遭遇同样的事，不由得更加伤心，认为自己现在身体有残损一定是前世的宿业，于是立刻拿钱买下了这群牛。谁知因为这次善行，他发现自己的男根竟慢慢地重新长了出来。因为下体恢复原样，他再也不进后宫了。国王感觉讶异，便问他原因，他也将事情原委和盘托出，国王深觉奇特，便为弟弟修建名为"阿奢理贰"的伽蓝以示表彰，把这段美谈传于后世。（后半部分）

交织的故事

为什么玄奘会一丝不苟地记下这样一段奇闻？这一定是因为，龟兹包括语言在内的文化是多种文明不可思议的集合，玄奘敏锐又感性，自然而然地对此产生了兴趣。玄奘一定也注意到故事前半部分"切断男根"和后半部分"男根再生"是拼接而成的，因为玄奘已经知道后半部分的故事了。在吉迦夜[3]和释昙曜[4]于北魏延兴二年（472年）译成汉语的《杂宝藏经》（卷二·二十五）《内官赎所犍牛得男根缘》中，"乾陀卫国"的"内官"故事几乎和这则故事的后半部分完全相同。但是玄奘看的不是《杂宝藏经》，而是记于论书《阿毗达摩大毗婆沙论》（卷一百一十四）中"犍陀罗国伽腻色迦王"部分提及的"黄门"的故事。

故事这样讲道："过去，犍陀罗国的伽腻色迦国王手下有一名黄门，负责管理王宫内务。有一次他出城，刚好遇到一群牛，大概有五百头。于是他就返回城中，询问养牛人准备怎么处理这群牛。养牛人说，这些牛准备带去阉割。黄门一听这话，一下子想到自己因宿恶业，成了不男不女之身，就立刻决定出钱救这群牛，让它们免受阉割之难。结果由于这次善行，黄门立刻恢复了男儿身。他喜出望外，急忙返回城里，伫立在宫门前，派使者启禀国王说，有件事无论如何都想禀告。国王传他进来，纳闷地询问理由，黄门就把发生在自己身上的事说了一遍。国王听闻之后又惊又喜，赐给了他很多珍稀财宝，还赐他高官之位，让他今后执掌外事。"

《阿毗达摩大毗婆沙论》是以《发智论》为中心的有部教学之集大成者，由克什米尔的有部论师们编纂。玄奘访问"迦湿弥罗国"时记下了这个传闻：迦腻色伽王与胁尊者（波栗湿缚）商量，聚集五百名贤者于克什米尔，请世友（伐苏蜜多尊者）为上座，结集三藏编写而成（《大唐西域记·卷三·六·四》）。玄奘晚年亲自翻译的就是这部《阿毗达摩大毗婆沙论》。

在印度，上至古代的叙事诗《马哈巴拉塔》，下至《弥兰王问经》，有许多以阉割者（盘陀伽尊者）为主题的故事，其中也不乏"遇到牛群的内官"的故事在迦腻色伽童话里流传，可能是把它作为比喻因果报应的佛教故事而引用、插入并记录下来的。

然而，前半部分"切断男根"却没能在任何一部经论中找到。难道是龟兹将其他教派的故事融合进来了？原版故事究竟是什么样，又源自何处？

解谜的本维尼斯特

一位天才语言学家向这个谜团发起了挑战，并找到了突破口，他就是耗费毕生精力，致力于解开中亚各国已失传语言奥秘的埃米尔·本维尼斯特。

本维尼斯特的着眼点是叙利亚的萨莫萨塔人琉善（120—约180年）所写的《关于叙利亚的女神》里记载的一则传说。这则传说围绕着北叙利亚母神阿塔加蒂斯展开，她被供奉于今叙利亚阿勒颇东北部的希拉波里斯（《科姆巴博斯的传说》，1938年）。

前4世纪，塞琉古一世统治时期，在名为"希拉波里斯"的地方建起了阿塔加蒂斯神庙。当时，年轻的斯特拉托尼丝（季米特里奥斯的女儿、塞琉古的妃子）被正妃的儿子安太阿卡斯暗恋着。爱上继母的安太阿卡斯患上了抑郁症，日渐消瘦。他的父王得知此事后，出于对儿子的爱而选择退位，把王位让给了儿子。

安太阿卡斯成了国王。有一天，斯特拉托尼丝梦见赫拉女神（宙斯的正妻，希腊最高女神）站在枕边，严厉地命令她，为避免招致大难，一定要在希拉波里斯建造一座神庙。斯特拉托尼丝万事俱备，即将出发之际，国王派心腹科姆巴博斯陪王妃同去。科姆巴博斯想到自己和王妃单独相处时可能产生的各种风险，无论如何都想逃避这个任务，却逃避不了，很是苦恼，但他最终还是服从了命运的安排，接受了这个伴随着各种疑惑的任务。

于是科姆巴博斯悄悄地切断了自己的男根，装在一个小盒子里。伤口愈合之后，他把这个盒子用蜜蜡封了起来，交给了国王，但并没有告知国王里面装的是什么。

和王妃一起踏上旅途的科姆巴博斯，和她在希拉波里斯朝夕相处了三年。斯特拉托尼丝也渐渐地喜欢上了科姆巴博斯，甚至到了痴迷的程度，就向他表明了自己难以压抑的爱意。科姆巴博斯无奈之下就把出发前自己所做的事告诉了王妃。王妃非常吃惊，发誓对他只是精神上的爱。

不出所料，宫廷里出现了中伤科姆巴博斯的人，说他侵犯了斯特拉托尼丝。国王听到这些话，立刻把科姆巴博斯召唤回宫，宣布赐死。科姆巴博斯请国王打开他临行前交给国王的小盒子，展示了证明自身清白的决定性证据。深受感动的国王为了回报他的忠诚，表示愿意答应他的任何要求。后来，科姆巴博斯便请求住在希拉波里斯的祠堂里。

仰慕科姆巴博斯的朋友们也想和他共度余生，他们也都接受了阉割，同住在女神的神庙里，进行供奉女神的祭祀仪式。

本维尼斯特指出，琉善讲述的这个传说由两个主题构成：一个是关于历史上真实存在的塞琉古一世及其年轻的王妃斯特拉托尼丝建造神庙的历史传说；另一个是关于侍奉希比利神（小亚细亚的大圣母神）的男祭司的阉割以及他举止女性化的起源传说，把这两个不同主题结合起来的就是科姆巴博斯传说。顺便一提，黑格尔在《历史哲学讲义》（第一部·第三篇·波斯）中也提到过，希比利祭司的阉割以及女性在神庙里献身给陌生男性（所谓"神圣卖春"）的传说，也源自斯特拉托尼丝的传说。

编织文化的民众

关于科姆巴博斯的行为是不是祭祀仪式起源的讨论还在持续，对我们来说，重要的是由琉善讲述的"切断男根"的故事，无论是主人公所处的状况，还是其典型的动机和行为（也就是故事结构），都与玄奘在阿奢理贰伽蓝采录的古老传说的前半部分极其相似。然而，叙利亚和西域的龟兹之间，长期被广漠所隔绝。本维尼斯特就准备把在西亚流传已久的传说穿插进来，填补这一空白。

一个地位很高的男性为完成被赋予的使命，亲手切断自己的男根，这个故事，恐怕最初产生于巴比伦与伊朗刚接触的年代，通过传播媒介（如波斯），首先把这个主题编入历史的经线，反复讲述，在传承过程中又加入了不同的人物。这个传说后来被传入了受波斯文化影响的国家，从叙利亚向西域各国传播下去。

虽然龟兹早已失去了这一传说起源的线索，但是多亏它传入了玄奘的耳朵，我们才得以了解向西方世界敞开怀抱的库车文化突出的国际形象。

列维认为，汉译佛典中所见的"沙门、沙弥、波逸提、出家、外道、灭"等词语，并非从梵文直接音译过来，而是以吐火罗B语，即龟兹语（库车语）为媒介翻译过来，这表明了库车文化为跨文化做出的重要贡献。西域的这个绿洲小国，那时已经不再是东西方大文明的交流枢纽了。然而，玄奘看到了这些"蕃""流"之地（司马迁在《史记》中，把天子国土之外尚未开发的地方称为"蕃"，游牧的异民族所居住的地方称为"流"）的民众不断接纳不同性质的事务，将其加以连接，并孜孜不倦地编织出一个个传说的独特文化，发掘了他们为历史和文化做出的崭新贡献。

　　终于，玄奘又迎来了踏上旅途的日子。国王不仅为他准备了搬运行李的力夫，还提供了骆驼和马匹。当天，国王和城中百姓一起为玄奘一行送行。玄奘也对立在王城西门外道路两旁、高九十余尺的佛像行礼告别，而后就离城而去。接下来，他又向西行六百里。虽然受到突厥盗贼的惊扰，但他仍踏上了完全被积雪覆盖的天山南麓起伏的山路，平安地穿过一片小沙漠，到达了跋禄迦国。

* * * * * *

丝绸之路上的十字路口：粟特

1. 翻越天山

从西域北道出发

　　跋禄迦国，汉代称"姑墨"，国都为南城（《汉书·西域传》）。西域有五国实力最强——阿耆尼（焉耆）、龟兹（屈支）、疏勒（喀什噶尔）、鄯善（米兰）、于阗（屈丹）。姑墨位于焉耆（属于玄奘走的西域北道）及龟兹以西，龟兹和疏勒（西域北道和南道交会处）之间。

　　关于其都城所在，有学者认为在今中国新疆阿克苏，也有学者主张在阿恰艾日克，黄文弼等学者则主张在喀喇巴格，众说纷纭，尚无定论。

　　玄奘记载，跋禄迦国"伽蓝数十所，僧徒千余人"。尽管这里的僧徒人数不及焉耆，但伽蓝数量却胜过焉耆，可见佛寺营造之盛。"文字法则同屈支国"，说明这里使用的是婆罗米文。"语言少异"的记载则表明这里通用的虽然是吐火罗语，但也混合了一些其他语言。

　　《大唐大慈恩寺三藏法师传》（卷二）关于跋禄迦国仅简单地记了一句"停一宿"。玄奘的行程如此匆忙，想必是为了赶在冰雪融化、河面上涨前通过。玄奘在龟兹逗留期间，绝不会悠闲度日，应该已将天山北面的地理、突厥的情况调查清楚，拟订了跨越天山的计划。

　　作为主干线，西域北道（天山南路）的各个要冲都设置了烽燧（瞭望塔）。烽燧是一种路标，要找到它们并不难，且沿路也相对安全，但选择从不同烽燧折向北，要越过的山峰也不同。只有极少数往来贸易的胡商或传道的胡僧（拜火教、摩尼教的传道士）才清楚如何平安地越过天山，找到麴文泰推荐的通往突厥之路，以最短距离到达统叶护可汗的王城。因此过了烽燧，玄奘能依靠的只有熟悉地理的胡商、胡僧提供的信息。

越过"冰山"

离开跋禄迦国，渡过阿克苏河，往西北行"三百余里"，穿过大沙碛，便到了天山脚下。目前还不能确定这里究竟是不是温宿（今乌什县）——翻越位于葱岭（帕米尔高原）北隅的凌山之路的起点。温宿是鸠摩罗什和母亲一同到访的"龟兹北界"（《高僧传》）。总而言之，仅在姑墨停留一宿的玄奘一行必须在这里重整行装，向凌山发起挑战。

眼前矗立的山峰"险峭，峻极于天。自开辟以来，冰雪所聚，积而为凌，春夏不解，凝冱汗漫，与云连属，仰之皑然，莫睹其际"。

要蹚过刺骨的冰河，踏过崩落后阻挡道路的冰块，再沿着陡峭的溪边小道前行，牦牛显然比骆驼更适合，玄奘一行的驼队也随之更换。

渡过山脚下东去的河流，玄奘进入了凌山。暴风雪不时肆虐，"虽复履重裘，不免寒战"。狂风一起则沙石飞舞，倾泻如雨。想要安眠也寻不到干燥之处，只能架锅生火烧饭，睡在冻土上。所谓"凌山"，即"冰山"之意，果然名副其实。玄奘在"难以全生"的"四百余里"山路上苦战七天才终于出山，根据他的记载，在这场艰难的旅途中"冻死者十有三四，牛马逾甚"。

凌山构成今中国和吉尔吉斯斯坦的天然边界，至今仍然难以逾越。

凌山（今天山穆苏尔岭）

前往安世高[1]的故国

玄奘可能会联想到中国译经先驱安世高（2世纪）的东行之旅，安世高从天山北面翻越后南下，东行至长安，而后前往洛阳，将胡语佛典译成汉语。据记载，安世高为"安息国王正后之太子"，虽然不确定他前往中国所走的具体路线，但玄奘对他的丰功伟绩早已心向往之——精通阿毗昙[2]（论述佛经内容的教义学），翻译过多部经论，更有"群译之首"的美誉。安世高独占中国译经史的鳌头，译文以"幽堂之美"绽放灵光，玄奘对他怀有憧憬之情再自然不过了。

玄奘选择沿北道向北翻越天山，不仅是因为要听从熟知当时西域势力分布的麴文泰所给的建议，还因为他内心希望了解安世高故国安息的佛教。如《隋书·西域传·安国》所述，汉代的安息国即隋代的安国（布哈拉），安国和康国（撒马尔罕）属于同族。玄奘提及佛教传播路上最西端的波剌斯国的"佛教"（《大唐西域记》卷二·十一），也证明了他对西域佛教的格外关注。

走过"热海"沿岸

越过凌山便是西突厥的疆域。一路下坡，不久后眼前便出现了一片波澜起伏的青黑色湖泊，大清池到了。源于天山的河流向北注入这片湖泊，但它和凌山截然相反，从不结冰，因此也被称为"热海"，翻译为今吉尔吉斯语就是"伊塞克湖"。据玄奘记载，湖水"味兼咸苦"，原来它还是咸水湖。"周千余里，东西长，南北狭。四面负山，众流交凑。"

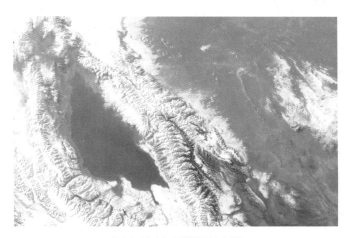

大清池（今吉尔吉斯斯坦伊塞克湖）

玄奘一行仅在湖畔休息了片刻。目前尚不清楚玄奘究竟是沿伊塞克湖北岸还是南岸前往统叶护可汗王庭所在的素叶水城（素叶城）。资料中也只记载了"循海"（《大唐大慈恩寺三藏法师传》）、"清池西北行"（《大唐西域记》）而已。

周达宽[3]认为，玄奘从凌山经喀拉库尔山，由大清池（今伊塞克湖）东端到达了大清池北岸（《大唐西域记史地研究丛稿》）。堀谦德[4]则称"《大唐西域记》原文应当解释为从热海东南角向西北行五百余里，因此可判断出玄奘一行沿热海南岸前行，到达颂湖[5]西北、托克马克市南，最后抵达素叶水城"（《解说西域记》），主张南岸说。只有由南向北亲自用双脚丈量跨越中国和吉尔吉斯斯坦两国的这条古道，才能验证。苏联考古探险家鲍里斯·朱可夫实地考察了伊塞克湖周边，查明该湖东西长182千米，南北宽58千米，海拔1609米，深702米。此外他还指出在北岸发现了塞种人[6]或游牧民族乌孙的大量遗迹、遗物，判断玄奘走的是北岸（《消失在湖底的都城》）。汉武帝派张骞出使西域后，乌孙的名字开始出现在中国史书上，而伊塞克湖周边区域正是乌孙的故地。

贸易中心——素叶

玄奘脚步匆忙，过大清池西端后继续前行，不久后，楚河[7]对岸的素叶城便映入了他的眼帘，今托克马克以南的阿克·贝西姆遗址便是该城的城址。玄奘笔下的"素叶"，即《唐书》中的"碎叶"，是当地语"Suyab"（河水）的音译。玄奘眼中的素叶城"城周六七里，诸国商胡杂居也"，不同国家的商人云集至此，贩卖各式各样的商品，呈现了一番喧闹且充满活力的国际性贸易市场的光景。

素叶城是粟特人的殖民城市，这里有祆祠（拜火教的教堂）而无佛寺。顺楚河下行十几千米便是科拉斯纳亚·瑞希卡遗址。今天人们已经在这里发现了供奉涅槃佛的寺庙，但玄奘到访素叶城时这座寺庙应该还未建造。《新唐书·地理志》引用《皇华四达记》[8]的记载称"自碎叶西十里至米国城，又三十里至新城"。"米国城"是泽拉夫尚河东南的米国（弭秣贺国）的殖民城市，"新城"即科拉斯纳亚·瑞希卡。

此前在玄奘记录中随处可见的"国之大都城"等字眼，在越过天山之后的章节里完全见不到了。关于受粟特人统治的土地，玄奘只在关于后续到访的飒秣建国[9]的章节中提到了"大都城"。这说明西突厥并没有将这些城市作为政治、军事据点，它们仅是自发形成的贸易、商业集散地。

遇到俊美的王

玄奘一行"至素叶城，逢突厥叶护可汗"，但这次相遇似乎并不在城内，而是在可汗动身狩猎时，因此，这次偶遇应当发生在他离开素叶城赶往可汗牙帐（王庭）的途中。《大唐大慈恩寺三藏法师传》写道："可汗身着绿绫袍，露发，以一丈许帛练裹额后垂。"这与粟特人刻于墓碑上的突厥人形象，以及阿弗拉西阿卜[10]壁画中描绘的突厥人形象十分吻合。

"叶护"是突厥最高官名，突厥的高官有叶护、设、特勤三官。玄奘遇到的是统叶护，西突厥始祖室点密[11]的直系后裔。统叶护可汗不断向西扩张势力，其间将王庭从龟兹北面的鹰娑（裕勒都斯河谷）迁到了素叶。西突厥此时正处于鼎盛时期，向南已到达了犍陀罗，所以麹文泰才建议玄奘前去拜谒统叶护可汗。麹文泰的妹妹嫁的便是统叶护的长子呾度设。当时呾度设还在遥远的南面，缚刍河

（希腊语名"奥克苏斯河"，现名"阿姆河"）南岸的活国（今阿富汗昆都士）。

统叶护可汗身边环绕了两百名达官贵人，对面还有骑着骆驼和马的卫士，数不胜数。可汗对玄奘说："二三日当还，师且向衙所。"只留下一名官员安置他们，便不知去向。过了三天，可汗狩猎完毕如约归来。可汗的圆顶大帐装饰着金色花边刺绣，绚烂夺目。大帐前铺着长长的地毯，达官贵人们身着华美的锦绣衣服，分坐在主座左右两侧，后面站着护卫。当时场面之威风气派，任谁看到都会怀疑，这真的是游牧民族的君主吗？

铁座椅

可汗在大帐中看到玄奘一行到来，便从座上站起，走出帐外三十多步相迎。二人互相寒暄后，可汗又殷切慰问，请玄奘到帐内入座。地上铺了层层毛毯，上面还放了铁制的胡床。《大唐大慈恩寺三藏法师传》（卷二）中将可汗请玄奘上座的胡床称为"铁交床"。胡床指腿呈"X"形的铁制座椅。之所以不是木质，似乎是因为突厥信仰拜火教，他们以为木头可以燃烧，因此木中含火，所谓"木生火"，不能将火坐在屁股底下。这是玄奘首次亲身体验突厥文化，他好奇地四处观瞧，细致地观察人们的一举一动。在突厥文化中，铁也是拥有特殊力量的物品（护雅夫[12]《古代突厥民族史研究》卷二）。

此时，玄奘或许想起了《后汉书·五行志》中"灵帝好胡服、胡帐、胡床、胡座"的说法。在唐代的中国，胡床已经不是什么稀罕物，但玄奘仍表现出对铁制品的惊讶，并询问其来由。

这种胡床一定是新井白石[13]曾考证的"东汉时期从外国传入中国的折叠式椅子"（《本朝军器考》，引自田边胜美《关于犍陀罗折凳的两三项考察》）。

在宴会上

可汗和玄奘落座后，汉使及高昌使节向可汗呈上国书和礼物。可汗大喜，收下礼物后请使者入座，又命陈酒设乐。因玄奘是僧人，可汗特别为他准备了葡萄浆（葡萄汁）。盛宴正式开始，一时间觥筹交错，乐器争鸣，"虽蕃俗之曲亦甚娱耳目乐心意也"。既然主人盛情款待，玄奘也不由得卸下心防，享受起宴会来。酒宴过后是饭食，经过烹煮的牛羊肉如小山般堆在座前。当然，可汗特意为玄奘准备了"净食"。净食有"饼、饭、酥乳（酸奶）、石蜜（砂糖）、剌蜜（蜂蜜）、蒲桃（葡萄）"等。"饼"即用面粉烤制的馕。餐后又端上葡萄汁，宴会结束。书中并无进餐方式的记载，应该是用手抓着吃。

餐后不久，玄奘应可汗之邀，"因诲以十善爱养物命及波罗蜜多解脱之业"。玄奘简洁地阐释了佛法的基本概念，可汗听得很认真，听到欢喜处则不时举手扣额。玄奘连胡人表达喜怒哀乐的肢体动作都观察得如此细致，一定是因为他感觉到自己已经身在"蕃域"。

告别可汗

玄奘在素叶城停留了数日，想必从聚集在这里的各国人打听到了许多消息。可汗也曾挽留玄奘，但他坚持继续西行。于是，可汗命军队寻找通晓汉语和西方各国语言的人，最后找到一个在长安居住过数年、精通汉语的年轻人。可汗立即封他为摩咄达官（翻译官），还命他携带写给沿途各国的国书，护送玄奘到迦毕试[14]。当地能找到这类会说多种语言的人才，就说明这里已经相当国际化了。

可汗依依不舍，又赠玄奘"绯绫法服一袭、绢五十匹"，甚至带领群臣送出十余里。玄奘一行加上摩咄达官又踏上了西去的行程。

玄奘走后不久，统叶护可汗就被亲人杀害。当时唐朝极力想要扩大在西域的支配权，因此这件事背后无疑有唐朝的策动。

2. 拜火之国

东和西的记录

自素叶城向西行"四百余里"就到了屏聿[15]，又名"千泉"。"千泉牙庭"（王庭）和"碎（素）叶牙庭"都是突厥可汗在草原上的夏宫。玄奘在《大唐西域记》中如此描述初春的千泉风光："南面雪山，三陲平陆。水土沃润……杂花若绮。"据说屏聿就是今吉尔吉斯斯坦的梅尔克。这里放养着许多鹿，鹿的脖子上都挂着铃铛。可汗规定，杀鹿者将受责罚，因此这里的鹿都能善终。据《旧唐书·西突厥传》记载，这里还是"建牙之地"（王庭所在地）。

从千泉向西"百四五十里"就到了怛逻斯城。"怛逻斯"这个名字在汉代（前32年）就已为中国人所知，只是当时还叫它"都赖水"（《汉书·陈汤传》）。568年，拜占庭帝国的使者泽马奇斯曾拜谒西突厥可汗迪扎布洛斯，请求开通丝绸贸易。当时的记录中也出现了怛逻斯这个名字，这说明该城在6世纪就已经是"怛逻斯河畔之名邑"了。据考证，泽马奇斯记录中的迪扎布洛斯，就是西突厥始祖室点密（内藤绿《西突厥史研究》）。

《大唐西域记》记载："城周八九里，诸国商胡杂居也。土宜气序，大同素叶。"玄奘记载素叶城的产物有"黍、麦、葡萄"和"毡、褐"，说明农业和畜牧业已经成为当地人生活的基础。此外，以贸易为生的粟特人等胡商可能在为利奔忙。商人从各国会聚至此，操着各种语言，还引入了各类宗教。据《隋书·突厥传》记载，突厥既有传统的"屠羊马祭天""敬鬼神"的多神教信徒，又有和粟特人一样信仰唯一的天神阿胡拉·马兹达[16]、举行拜火仪式的一神教信徒，又有摩尼教的信徒（摩尼教糅合了拜火教的善恶二元论及基督教、佛教的教义），此外还有新传入的基督教聂斯脱里派（景教）的信徒。玄奘笔下的"诸国商胡杂居"也侧面反映出这种多信仰混杂的状况。

前往"孤城"

怛逻斯城向南不过"十余里"，有一座小小的孤城，相传由被突厥俘虏的中国人修建。人口"三百余户"，居民的住房、衣服、举止都已类似突厥，但依然保留着祖国的语言和礼仪。在玄奘为"小孤城"留下的记录中，哀悯之情跃然纸上。

玄奘一行在此取道西南，行"二百余里"到达白水城。城周"六七里"，和素叶城规模相当，物产和气候条件也优于怛逻斯城。白水城在《新唐书》中被称作"白水胡城"，即今赛拉姆。

从白水城继续向西南行"二百余里"便到恭御城。城周"五六里",规模很小。玄奘记载"素叶以西数十孤城",白水城也是其中之一。"城皆立长",玄奘前去一一拜访,想来也是一项繁重的工作。恭御城"树木翁郁",定然是泉水、河流萦绕之地。

从恭御城向南"四五十里"便进入了笯赤建国。笯赤建国周千余里,土地肥沃,农业发达。该国种植业繁盛,尤以葡萄产量最为丰富,质量亦佳,价格也非常昂贵。在这丰饶的国度里有上百"城邑",每座城都拥立不同的"君长"。堀谦德在《解说西域记》中说:"谈及该国国情的只有《大唐西域记》,因此无从进行参照对比。"但水谷真成参照10世纪伊斯兰教文献《世界境域志》指出,该国可能位于今奇尔奇克,即地处注入锡尔河的奇尔奇克河上游的要冲。

通往撒马尔罕之路

不知玄奘一行从笯赤建国的哪座城邑出发,总之他们离开这个国家向西又走了二百余里,就抵达了赭时国(塔什干),《隋书》中写作"石国"。玄奘记载该国"西临叶河"。叶河在《隋书》中写作"药杀水",应该是斯特拉波[17]的《地理学》(1世纪)中所说的贾沙特斯河,和发源于帕米尔高原、注入咸海的锡尔河指的是同一条河。赭时国面积和笯赤建国相当,"周围千余里","城邑"几十座,《新唐书·西突厥传》中的"可贺敦城"便是其中之一。《隋书》记载,该国有"都城",也有国王,都城的东南方还建有类似于祭殿的建筑。正月初六及七月十五,国王会将装有父母骨灰的金壶放在地上,带臣下巡拜,撒花焚香,供奉种种水果。祭典过后,国王和夫人进入别帐，臣下列坐两旁，举办宴会。整个遗骨供养仪式似乎充满了佛教色彩。《隋书》及玄奘的《大唐西域记》中都没有出现拜火教祠的记述。统率伊朗的胡商、在伊吾大放异彩的石万年，还有在玉门关外为玄奘引路的石磐陀，他们的故乡都在这里。此外，提到赭时国，人们也不由得想起中唐诗人刘言史的"石国胡儿人见少，蹲舞尊前急如鸟"这两句，《唐书》记载赭时国"去京师（长安）九千里"。

之后玄奘又朝哪个国家走去？飒秣建国（康国）和捕喝国（安国）同为该地区最大的国家，玄奘下一个目的地正是这里。但《大唐西域记》和《大唐大慈恩寺三藏法师传》里的内容并不相同，前者称"从此东南千余里，至怖捍国"，后者则为"又西千余里至窣堵利瑟那国"。不过，水谷真成明确指出，《大唐西域记》的记述方式分为"从此……"和"从此……行"两种，有"行"字的是玄奘实际到过的地方，没有"行"字的则是他从传闻中听到的地方（《大唐西域记》卷一·九·注五）。玄奘圆寂后，弟子慧立和彦悰所作的《大唐大慈恩寺三藏法师传》中没有这种区分。

玄奘所听说的怖捍国是否为张骞到过、《史记》所写的"大宛"？这一点目前尚不明确，但玄奘很可能对此地非常关注，还询问了许多关于《大宛列传》中记载内容的问题。

《史记·大宛列传》记载："大宛……去汉可万里。其俗土著，耕田，田稻麦。有葡萄酒。多善马，马汗血，其先天马子也……其属邑大小七十余城……其北则康居，西则大月氏，西南则大夏[18]，东北则乌孙。"

玄奘若已到过乌孙故地，大宛在其西南，则与《史记·大宛列传》的记载一致；若从赭时国出发，大宛在其东南，也符合《大唐西域记》的记载。《大唐西域记》后文中，"稼穑滋盛，多花果，宜羊马"的描述也和《大宛列传》中的记载没有太大差异。然而，"语异诸国，形貌丑弊"的记述则稍显奇怪。"自数十年，无大君长"可能是传话人对不断挑起争端的怖捍国的轻侮之言。

离开赭时国，渡过滔滔的叶河（锡尔河），继续向西"千余里"就是窣堵利瑟那国，即今沙赫里斯坦。此国"周千四五百里"，比赭时国大，但拥有相同的物产、风俗。不同的是这里有国王，不过依然受突厥控制。

繁荣的国际都市撒马尔罕

离开窣堵利瑟那国，玄奘向西北进发，便进入了"大沙碛"，即今克孜勒库姆沙漠（"克孜勒库姆"意为"红沙漠"）。既无水流也无草木的旷野广袤无垠，只见高大的山影远远矗立在南方。不知不觉道路折向西南，行"五百余里"终于来到飒秣建国（康国）。从玄奘的时代上溯千年，亚历山大大帝率领骑兵攻占的马拉坎达就是这里。根据希腊人阿里安的记载，"（亚历山大）率军直入粟特地区的王宫所在地马拉坎达，然后又沿马拉坎达到塔奈斯河（锡尔河）一线继续进军"（《亚历山大远征记》），此事件发生在公元前329年。

玄奘沿着亚历山大进军路线的反方向，从锡尔河前往马拉坎达。飒秣建国"周千六七百里"，是玄奘越过天山后到过的国家中最大的。该国大都城"周二十余里"，并且非常坚固，据说就是今阿弗拉西阿卜遗址。目前，考古学界已探明的古城址总面积为219公顷，文化层厚达10米，共分11层，埋藏着都城的悠久历史。

这里是所有胡国的中心，居民众多、气候温和、土地肥沃、林木繁茂、花果丰富。这里产良驹，还产"驼、骡、驴、封牛 [19]"（《隋书·西域传》），机织技术也比周边任何国家都更先进、更成熟。此外，异国宝货也从八方云集至此。从都城遗址发掘出的遗物和王宫里壮丽的壁画无不反映出当时粟特文化的多样性和国际性。

踏入拜火之国

《大唐大慈恩寺三藏法师传》随后提及了这里的宗教："王及百姓不信佛法，以事火为道。"可见当地人信仰的是拜火教。"有寺两所，迥无僧居，客僧投者，诸胡以火烧逐，不许停住"，玄奘也不例外，没能在这里留宿。不过，玄奘在这里说的"寺"可能是祆祠。对该教信徒来说，供奉不灭圣火的祠堂，除神职人员以外任何人不得入内。在这里，玄奘才亲身感受到不同宗教之间的差异。据说祠堂内放置着胡律（粟特的法典），所有刑罚均出自这里（《隋书》）。

日本史学家羽田亨（《天与祆与祁连》）曾指出：中国在唐代初期造出"祆"字以指代拜火教，此前都用"火神天神"或"天神"来指代。《隋书》的"康国"条目中出现了"祆祠"，因为《隋书》的编纂年代便是唐初。玄奘谈及拜火教时用了"天祠""事火"等词，没有使用"祆"字。

玄奘点亮的法灯

　　玄奘亲到过康国,但并未留下记录,《隋书》给出了康国的详细信息:"人皆深目高鼻,多须髯。善于商贾。"乐器有"大小鼓、琵琶、五弦、箜篌、笛"。最值得关注的是对普通居民多敬佛("俗奉佛")的记载。众所周知,在中国的早期译经史上留名的多为康姓人士,如康巨[20](东汉)、康孟详[21](东汉)、康僧会[22](吴)、康僧铠[23](魏)等人。在这些人之中,有的是为传教而自发从康国来到中国,有的祖辈是来自康国的胡商。正因康国人每日在各式各样的语言中耳濡目染,所以才能自然地锻炼出超凡的语言能力,为佛教传播做出了巨大贡献,还有"康居国实为中国佛教的发源地"的评价(羽溪了谛[24]《西域之佛教》)。

　　《旧唐书》(卷一九八)中也记载康国"佛法"昌盛,但《新唐书》(卷二二一)中则称其"尚浮图法(佛法),祠祆神",记述了佛教和拜火教并存的状况。

　　《大唐大慈恩寺三藏法师传》详细记述了玄奘到康国后的经历。

　　玄奘携带麹文泰和统叶护可汗的亲笔信谒见康国国王,国王是个豪勇之人,但对待玄奘的态度却很傲慢。康国国王的初次接见给玄奘留下了坏印象,可能是因为国王疏远佛教。之后玄奘又在康国停留了几天,增广见闻的同时又得到了一次面见国王的机会。这次玄奘为国王讲解了"赞佛功德"(称颂佛陀所能得到的功德),终于打动了国王。书中虽然没有明确记载,但想必玄奘恳求过国王支持康国衰微的佛教。玄奘临行前设了法会,度人出家,让他们居住在寺中。约一百年后，慧超²⁵来到这里，称其他诸国"总事火祆，不识佛法。唯康国有一寺，有一僧"（《往五天竺国传·胡国》），康国这一寺可能就是玄奘留存下来的寺庙。若果真如此，则玄奘在拜火之国点燃的一盏小小法灯，百年后仍未熄灭。

王者的壁画

接下来我们说说玄奘当年在离开康国前未曾得见的阿弗拉西阿卜壁画，这幅壁画生动地描绘了当时康国的历史以及国际化的氛围。

1965年，一支施工队在施工过程中偶然发现了一座入口朝东、长11米的方形砖造大厅。它很可能是撒马尔罕王的离宫，四面墙上画满了让人叹为观止的精美壁画。西壁和南壁描绘的是撒马尔罕，北壁描绘的是中国，东壁描绘的则是印度使团亲临撒马尔罕王拂呼缦主持的诺鲁孜节（新年）大祭典时的情形。画面有的地方已经剥落或褪色，难以复原其全貌，但留存世间的摹本依然有助于对画面的解读。

拂呼缦可见于《新唐书·西域传》"高宗永徽时，以其地为康居都督府，即授其王拂呼缦为都督"的记载。康国和唐朝联系密切，但后来遭阿拉伯军灭国，这些壁画可说是日落前绽放的最后一点余晖。

各国使节

从东口进入大厅，正对面西壁的上半部分是拂呼缦王迎接前来谒见的各国使节团（推测），下半部分是在垂辫的突厥侍卫与宫廷仪仗官导引下，突厥、中国、吐蕃、朝鲜等亚洲各国使节团谒见的情景。其中最醒目的是突厥人。从画中可明显看出康国（撒马尔罕）当时依附于突厥的军事力量，还可以看到石国、支汗那等友好邻邦的使节，以及双手捧绢、移步向前的中国使节。将中国使节放在画面正中央，可能是在暗示康国和唐朝关系的重要性。绢在突厥文化中起到的象征作用也值得关注。手捧豹皮和牦牛尾的，应当是来自高寒地区吐蕃的使者（西壁右下角），头插鸟羽的是朝鲜使节。这幅使节图一方面夸耀了康国多彩的国际关系，另一方面壁画"万国来朝"的主题也包含了宣示王权的政治意义。

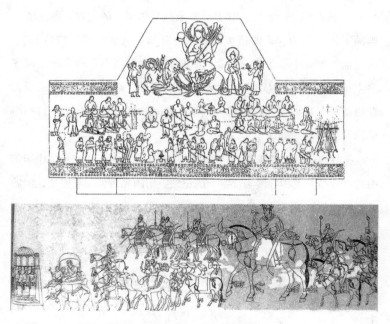

阿弗拉西阿卜壁画线描图：西壁（上）和南壁（下）

参加祭礼的行列

　　南壁的骑马队列图，描绘了国王参加祭祖仪式的场景，这幅图对了解康国的宗教礼仪具有非常重要的意义。据《魏书·西域传》记载，康国以国家名义修建"祖庙"，每年六月举行祭礼，届时各国都会参加。队列先头的大象背上安放坐辇，上面坐的可能是王妃（图中已缺失）；后面跟着并列的三匹马，马上分别侧坐着一位女性，画中铭文称她们为"高贵的妇人"，可能是国王的近亲；接着是两头骆驼并排前进，背上各驮了一名男子，分别用右手和左手握着一根小棍，这应该是一种祭祀用具，用来杀死接下来在祖庙举行的祭典上被奉献的活供品。瑞典的伊朗学学者斯提格·维堪德在《雅利安的男性结社》中指出，这些棍子可能原本是"庆祝染血的夜祭、令人陶醉的古老仪式"（神酒豪麻祭祀）中使用的"强力的棍棒"；主持祭火仪式的神官随后登场，他们用面纱遮住嘴部，以免玷污圣火，还牵着一匹配了鞍的马、四只鹅，马用来献给拜火教的太阳神密特拉，鹅用来献给拥有四副面孔的祖尔宛神（弗朗兹·葛乐耐《关于撒马尔罕出土的壁画"使节图"的最新研究》），明显是带有粟特色彩的拜火教风格的仪式；画面最后是骑马的国王和随从，国王的像比所有人都更大一些。将主要人物画得大一些，是西亚艺术自古以来的传统表现手法。

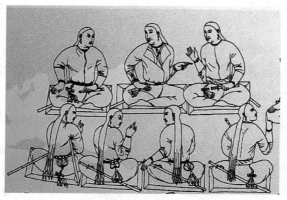
阿弗拉西阿卜壁画中描绘的突厥人

宏伟的"世界图"

北壁描绘的是唐高宗和武则天盛装出席祭祀仪式的场景，东壁描绘了印度的风景，其中还出现了天球仪和印度占星术师的身影。《旧唐书·西域传》的"康国"条目中记载了占卜气候与吉凶的"婆罗门"占星术师，指的应该就是这些人。

阿弗拉西阿卜壁画堪称规模宏大的"世界图"，具有深远而多元的意义。这完全是因为康国位于世界贸易路线的十字路口这一特殊地理位置，以及其贯彻巧妙的以商立国的国策。阿弗拉西阿卜壁画绘制于玄奘到访之后二十多年，但我们仍可以从中感受到玄奘当时在中亚体验到的新鲜感。

急奔铁门

起程之前，玄奘照例记录下了此地的传闻。

"从此东南至弭秣贺国"，"此"即飒秣建国。弭秣贺国指的是六大胡国（康、米、曹、安、石、史）中的米国，位于今乌兹别克斯坦弭秣贺，泽拉夫尚河分出支流达尔冈河之地。"从此北至劫布呾那国"，"此"即米国，而劫布呾那国即唐代的曹国，位于泽拉夫尚河的北域，大概是今乌兹别克斯坦境内从伊什蒂洪、卡布多洪到乌斯特鲁沙那的区域。

玄奘离开飒秣建国后，继续西行，"从此国西三百余里，至屈霜你迦国"。他对从屈霜你迦国至铁门的过程记述得极其简略，急于赶路的心态表露无遗。屈霜你迦国即唐代所说的何国，位于今泽拉夫尚河中游的库沙尼亚地区。

从这里继续西行"二百余里，至喝捍国"，喝捍国为唐代所说的东安国，在今开明尼亚地区；若再向西"四百余里，至捕喝国"，捕喝国即唐代所说的中安国，在今乌兹别克斯坦的布哈拉地区。

由此地向西"四百余里，至伐地国"。伐地国，唐代称"戊地"，也称"西安国"。从弭秣贺国（米国）到铁门，玄奘对沿途各国的描述都是"土宜风俗，同飒秣建国"，似乎并不觉得这些胡国风情浓郁之地有什么值得记录的。

伐地国向西南"五百余里，至货利习弥伽国"。货利习弥伽国（花剌子模）"顺缚刍河两岸"而建。缚刍河即阿姆河，货利习弥伽国位于今阿姆河下游的乌尔根奇地区。玄奘敏锐地觉察到这里"语言少异"。这里通用花剌子模语，明显不同于粟特语，可见玄奘对不同语言的敏感非同一般。

仅留"传闻"的西域诸国

无论是《大唐西域记》还是《大唐大慈恩寺三藏法师传》，都没有记载新的理应途经的国家名称。两本书都只写到从飒秣建国向西南行"三百余里，至羯霜那国"便戛然而止。羯霜那国，唐代称"史国"，地处卡什卡河沿岸的河谷地带。根据玄奘的记载，他一度从花剌子模折返撒马尔罕。由此可以推测，弭秣贺（米国）→劫布呾那（曹国）→屈霜你迦（何国）→喝捍（东安国）→捕喝（中安国）→伐地（西安国）→货利习弥伽的路线，很可能是玄奘打听到的传闻。学者长泽和俊[26]就主张玄奘到访屈霜你迦之后的各国皆为传闻（《玄奘三藏·卷二·译注》）。

如果玄奘真的走过上面这条路线，那么他一定不会错过位于布哈拉以西的瓦拉赫沙都城，甚至还有可能看到将拜火坛设置在中央的宏伟"红厅"，以及厅内的壁画。如果玄奘再往西走，就能到达古代花剌子模的都城托普拉克卡拉遗址，这里建有拜火神庙，城郭、宫殿规模浩大。如《隋书》记载，当时康国最强大，因此"米国、史国、曹国、何国、安国、小安（东安）国"等周边国家都依附于它，形成了以康国为中心、共享"昭武"王姓的王国联盟。玄奘应该对此有所耳闻，更何况当时的康国国王娶了突厥达度可汗的女儿。达度可汗是西突厥首领，也是统叶护可汗的祖父，即引见拜占庭帝国使者的达头可汗（参照前文室点密）。

这些信息都是传闻，因此玄奘才记述得非常简略，但他毕竟留下了这些国家的相关信息，不仅补充了中亚相关的中国史料里不明确的部分，而且为中亚的中世纪史投射了崭新亮点，其价值难以估量。

关于粟特地区，玄奘最后记下的国家名字是羯霜那国（史国、竭石）。《唐书》记载，这里又称"乞史""佉沙"和"羯霜那"，均为"竭石"的音译。"《隋书》和《唐书》中所称'史国'，都是汉译时取'乞史''佉沙'的尾音进行省略的结果。"（白鸟库吉《西域史研究·粟特国考》）史国位于今卡什卡河河谷上的沙赫里萨布兹附近。这里还是中亚新盟主埃米尔·帖木儿[27]的出生地。这片区域还曾被称为"纳乌塔克"，因亚历山大大帝远征粟特时曾将这里作为冬季营地而闻名史册。

玄奘步履匆忙，他急于赶往封锁突厥南方前线的铁门。在铁门对面等待玄奘一行的，是麹文泰托付的书信及赠礼的最后一位接收者。

3. 铁门

绝壁之上的天空

自羯霜那国"西南行二百余里"入山，山路崎岖，勉强通人，既无村落，又少水草。不觉间道路转向东南，再行"三百余里"，入"铁门"。

"铁门者，左右带山，山极峭峻，虽有狭径，加之险阻，两傍石壁，其色如铁"。玄奘可能自今古佐尔河的山谷前行，进入了更为狭窄的布兹嘎拉山口。"布兹嘎拉"意为"黇鹿的家"。沿着狭窄的鹿道有一条自北向南流淌的细流，现名为"古尔和卓河"（和卓之墓）。据史料记载："峡谷两侧高耸着纱丽面纱般的悬崖，高约一百五十米至一百六十米，悬崖顶上甚是平坦。"（瑞德维拉扎《挖掘亚历山大大帝东征》）

我也曾在乌兹别克斯坦科学院的瑞德维拉扎院士的引导下走过这条山谷小道。道路两侧的石壁几近垂直，令人震撼，我一边感叹玄奘以"险阻"形容之贴切，一边沿着小河向上走。岸边的沙地上到处残留着牛羊粪，不禁让人联想起千百年前来往于此的牧人。岩石颜色如铁，野性十足的深红色藏红花在阴影里盛放，让人忍不住频频驻足。古道曲折，头顶的天空湛蓝如洗，偶尔有白云飘过，如水波一般流转，烟腹毛脚燕在山谷中振翅纷飞，绝壁深渊呈现出千变万化的景色，令人百看不厌。再想到千百年前玄奘或牵马或骑马，跋山涉水，越发兴味盎然。

铁门峡谷俯瞰图（左），铁门的入口处矗立的石壁（右）

亚历山大大帝的足迹

铁门峡谷全长约3千米，北端入口宽约10米，入口处有一建筑物遗迹，似乎是以前的哨所。据说峡谷入口的断崖顶上也有瞭望塔的遗迹。南端出口宽40～50米，"正中央有两座由石块堆砌而成的小丘，高2～3米，左右完全对称"（《挖掘亚历山大大帝东征》）。它们可视为了保卫山谷南端入口而建的设施，应当就是玄奘所说的"既设门扉，又以铁锢"，即"铁门"。铁门上"多有铁铃"。这里是突厥（粟特）的最后一道关卡，玄奘认为，"铁门"不仅是因门扉的原材料而得名，还"因其险固，遂以为名"。突厥碑文中曾有"渡过珍珠河（锡尔河），征战至铁门"的内容，可见铁门乃是突厥征服"四隅之民"的象征性的一隅。

罗马史学家库尔提乌斯·鲁弗斯曾在《亚历山大大帝传》中写道，亚历山大大帝从纳乌塔克率领全军追击粟特豪强西西米特里斯时，后者"武装居民，在这片区域入口最狭隘之处设立了坚固的堡垒。堡垒临近急流，背靠石山"。"入口最狭隘之处"可能就是指铁门。谁也想不到，亚历山大大帝和玄奘坚守着"军"（战争）与"法"（和平）这两种完全不同的理念，走过了同一道铁门峡谷。

出铁门向南走，是一片略带倾斜的平地，缚刍河从此流过。顺着河流继续南下，迎面是德尔本特的山脊。离开河流，沿山脊的坡道向上攀登，会途经一处建有城墙的哨所，即"最后的铁门"。

翻过这座山，南面广阔的土地便不再属于粟特，而是进入古代世界著名的"巴克特里亚"。

* * * * * *

与古代巴克特里亚相关的各国

1. 大河沿岸的铁尔梅兹国

前往吐火罗故地

任何史料都未记载玄奘离开铁门后的路线，但出山道路有限，因此他应当穿过了今天的拜孙套山脉（东）和库吉唐套山脉（西）之间的山口，沿着南流的谢拉巴德河南下。玄奘将拜孙套山脊以南的广阔地域统称为"睹货逻国"。这里曾是巴克特里亚的故地，但自从大概公元前2世纪中期，吐火罗人统治了这片区域，它的名字就变成了"吐火罗"。罗马共和国末期，几乎同时代的吐火罗人动向已传到罗马，就连罗马的地理学家斯特拉波及托勒密都知道吐火罗人。所谓吐火罗人，原本可能是指大月氏。公元前129年，张骞奉汉武帝之命出使西域，曾克服重重险阻到达月氏国，那里生活的部族就是大月氏。这一部族颠覆了希腊化时代的希腊－巴克特里亚王国的统治，成为这片土地的新主人，并以自己的部族名称命名了国家。"睹货逻"只是一种音译，中国史书还将其写作"吐火罗"和"吐呼罗"。

缚刍河自东向西从"南北千余里，东西三千余里"的国土正中央流过，各路豪杰占地为王，划分出"二十七国"。"缚刍"意为"缚喝国的河流"，可能是当时人们将巴尔赫视作吐火罗中心的缘故。

吐火罗故地"东厄葱岭，西接波剌斯，南大雪山（兴都库什山脉），北据铁门"，当时"睹货逻"全境处在突厥的支配之下。麹文泰告诉玄奘的信息是准确的。《续高僧传·玄奘传》记载，这里物产丰富："南出斯门，土田温沃，花果荣茂。"

乘舟渡河

出铁门，入"睹货逻"，玄奘首先向呾蜜国走去。可是，玄奘没有记载铁门到这里的距离，可能是因为路上山峦起伏，很难精确推算距离。今天走这段路也要三天的行程，因此距离估计在三百里左右。

玄奘一行是否直接去了呾蜜国？《大唐西域记》记载："顺缚刍河北，下流至呾蜜国。"这句话应作何解释？沿谢拉巴德河向南，穿过残存着堡垒遗迹的难达那峡谷，途中在谢拉巴德离开河岸，折向东南就能走到苏尔汉河下游；再沿着苏尔汉河继续向下走，便到了它和缚刍河的交汇处。找到渡口后，乘船沿大河北岸顺流而下就可到达呾蜜国都城附近。玄奘做事一向周密，乘船之前想必已经收集了足够的信息。在今铁尔梅兹城以东18千米、河岸沿线绵延3千米处的阿伊尔塔姆城址很可能就是玄奘在到达铁尔梅兹前落脚的地方。阿伊尔塔姆也有渡口，如果玄奘是在这里下的船，那《大唐西域记》里的记载才能让人信服。

拥有雄伟伽蓝的古都

呾蜜国"东西六百余里，南北四百余里"，都城"周围二十余里"。自翻越天山以来，玄奘到此才终于看到像样的佛寺。他在书中写道，这里"伽蓝十余所，僧徒千余人"，还提到了许多窣堵波（佛塔）的存在。他肯定朝拜了祖尔马拉大塔，这座佛塔虽然有些破败，但依然留存于世。此外，近年来，日本政府通过设立在联合国教科文组织的日本信托基金，修复了法雅兹特佩遗址以及至今仍在挖掘中的喀拉特佩遗址，我相信玄奘一定造访过这些遗址中的大塔所属的伽蓝。出自这些寺院的发掘物多为2—4世纪的东西，因此有些考古学家认为玄奘到来时这里早已化为废墟。但是，通过发掘出的伽蓝的状态，可以想象出7世纪时周边的佛寺、佛塔仍在。从玄奘笔下的"佛尊像，有神异"来判断，伽蓝内仍然安放着佛像，只是可能吸收了一些当地人信仰中的异教元素。此外，既然这里有僧"千余人"从事宗教活动，那么，我们可以认为，即使今天在铁尔梅兹丘陵西面所见的部分寺院毁于战乱，但在历史上很长一段时期里，它们一直都是信仰和布教的根据地。

祖尔马拉大塔遗迹

名字的由来

铁尔梅兹古名塔尔米塔，源自拜火教典《阿维斯塔》中
"Taramaetha" 这一名词。"Taramaetha" 意为 "河对岸的村落"，是
希腊化时代建于奥克苏斯河北岸的卫星城市之一。中世纪波斯语的
铭文中出现过 "安条克·塔尔米塔" 的名字，这在 7 世纪的古地图
中也有记载，说明安条克·塔尔米塔在亚历山大大帝死后的塞琉古
王朝初期依旧占据重要地位。该市得名于塞琉古王朝第二代国王安
条克一世。安条克一世的母亲、塞琉古一世的王后阿帕玛，是北巴
克特里亚的猛将、顽抗亚历山大大帝而英勇牺牲的斯皮塔米尼斯之
女。安条克一世为塔尔米塔冠上自己之名，不仅因为那里是战略上
重要的前哨基地，还因为那里是他母亲的出生地。在希腊－巴克特
里亚王国时代被称作 "粟特的德米特里" 之地的就是铁尔梅兹（威
廉·特恩《在巴克特里亚和印度的希腊人》，1938 年）。特恩指出，
梵语中的 "达尔马米特拉"（Dharmamitra）就是这里的 "德米特
里"，而 "达尔马米特拉" [古印度俗语普拉克利特语[1]中为 "达尔马
米塔"（Dharmamita）] 才是塔尔米塔的原音。

当时的铁尔梅兹周边地区

佛教传到铁尔梅兹是在公元前 1 世纪左右，当时贵霜帝国正在形
成。贵霜的国王迦腻色伽在位时（2 世纪），铁尔梅兹的佛教迎来了
鼎盛期。但是，3 世纪萨珊王朝入侵波斯，4 世纪寄多[2]、嚈哒等多个
部族入侵，战乱不断，许多塔、堂、伽蓝都被破坏。583 年，西突厥

取得了对战嚈哒人的最终胜利，佛教再次复苏。玄奘到达铁尔梅兹时，正值西突厥的统治覆盖吐火罗全境，国家正处在短暂的和平时期。据乌兹别克斯坦的考古学家沙基尔德占称，玄奘在铁尔梅兹见到的佛寺，许多都在"今铁尔梅兹圣庙（伊斯兰教圣庙）所在的地区"，证据是"这一带发现了许多深挖砂岩层的地下式僧房痕迹"。不过，正如前文所述，喀拉特佩西面的古寺并没有完全消失。《大唐西域记》中的"呾蜜"应当是铁尔梅兹的古称"塔尔米塔"的音译。

玄奘在此依然逐一列举了周边国家的名称，以前文"从此……"这样的"传闻体"记录了下来。

呾蜜国向东是"赤鄂衍那国"。"国大都城周十余里，伽蓝五所，僧徒鲜少"指的应当是位于苏尔汉河上游的迭纳乌。

从赤鄂衍那国再向东是"忽露摩国"，"国大都城周十余里……伽蓝二所，僧徒百余人"。玄奘记载其都城之主为"奚素突厥"，大概由统叶护可汗下属的小可汗担任君长。该国可能位于今瓦赫什河流域。

再向东是"愉漫国"，"国大都城周十六七里……伽蓝二所，僧徒寡少"。都城之主仍是"奚素突厥"，位置可能在今杜尚别。

从这里向西南缚刍河方向走便是"鞠和衍那国"，"国大都城周十余里。伽蓝三所，僧徒百余人"。位置在今柯费尼根河与瓦赫什河之间的库巴的安[3]。其东面有希腊化时代的考古遗迹——著名的塔赫特·伊·桑金（石制佛坛）遗址。

从鞠和衍那国向东是"镬沙国"，"国大都城周十六七里"，没有关于佛寺的记录。

接下来继续往东是"珂咄罗国","国大都城周二十余里",没有关于佛寺的记录。

再向东便接近葱岭了,那里依山而建的国家便是"拘谜陀国","国大都城周二十余里",没有关于佛寺的记录。

拘谜陀国西南临缚刍河,即今阿姆河上游支流喷赤河。根据《大唐西域记》的记载,"拘谜陀国"有十多个邻国,其中包含了玄奘返回大唐时路过的国家。玄奘记录时将它们和来时的路线混淆了。

《大唐大慈恩寺三藏法师传》(卷二)中却没有玄奘听得的传闻,而是写玄奘一行离开咀蜜国后,渡过缚刍河直奔活国。那么他们是从哪里渡过大河的?

2. 渡河

带上亲笔信

无论是选最初抵达的渡口,还是选咀蜜国的渡口前往阿富汗,玄奘依旧缜密地收集信息。或许是僧侣们告诉玄奘,在铁尔梅兹以南、缚刍河对岸,缚喝国佛教昌隆,还有人称之为"王舍城"。摩揭陀国的王舍城之名经常出现在佛典中,玄奘对这个名字并不陌生,但此时此地又听到它,恐怕还是会有一些别样的感受吧。

然而,玄奘没时间感慨,他还有更重要的事情要做。他必须赶紧将麴文泰托付的亲笔书信和赠礼交给统叶护可汗的长子、麴文泰的妹婿咀度设。在父亲统叶护可汗的鼎盛期,咀度设负责统治吐火罗,将都城设在位于缚刍河南岸的活国。玄奘一行为寻找距离活国最近的渡口，从铁尔梅兹沿来路向东返回，沿河北岸向上走，渡过苏尔汉河后再向东行，越过柯费尼根河来到瓦赫什河畔后，对岸就是昆都士河的出口了。在渡河前，玄奘只听到了关于缚刍河北岸沿线各国（东厄葱岭，西接波剌斯）的传闻，多亏他掌握的地理信息相当准确。不过，南岸的情况就得全靠自己摸索了。

瓦赫什河与喷赤河的交汇处（对岸是阿富汗）

寻找渡口

　　史料并未记载玄奘的渡河地点，因此学界对此一直未能形成定论。法国的佛教及考古学家、阿富汗考古学之父阿尔弗雷德·傅舍根据《大唐西域记》推断：玄奘离开呾蜜国后，应当是从帕塔·克萨尔的渡口乘船到达对岸，然后一路南下到了缚喝国。据说，他们后来活国之行的往返路程都以此地为落脚点。假设傅舍的观点正确，就无法解释为什么《大唐西域记》将忽懔国、缚伽浪国等活国的邻国置于缚喝国之前。即使如前文所说，书中关于去程和回程中交叉地点的记述多少有些混乱，但按照《大唐西域记》记载的顺序来看，活国→忽懔国→缚喝国的路线似乎更为自然。如此一来，傅舍以帕塔·克萨尔为渡河点的说法便不成立了。

瑞德维拉扎是将缚刍河的渡河路线与古道的历史变迁联系起来研究得最详细的学者。将古代巴克特里亚－粟特地区、花剌子模和更东面的中亚诸国连接起来的道路，无论哪条都必须渡过缚刍河。正因如此，缚刍河的渡口对河的南北两侧来说都是要冲，通常会设立哨所。据瑞德维拉扎研究，从河流最下游的克尔基（今土库曼斯坦境内）到最上游的艾瓦赫（今塔吉克斯坦境内），河上共有七个渡口，按照下游到上游的顺序，分别是克尔基、克利夫、卡拉卡马尔、丘斯卡古萨尔、舒罗布、铁尔梅兹、哈丁拉帕特。各个渡口都有村落和堡垒，说明这些地方的历史已经非常悠久，自青铜时代起，便被用于民族迁移、移民、军事、商贸交流等。到波斯帝国的阿契美尼德王朝时代，大流士一世将这里纳入自己划分的行政区（郡），征收赋税（希罗多德《历史》卷三）。在缚刍河北岸克尔基、舒罗布、铁尔梅兹的渡口附近，人们发现了许多阿契美尼德王朝时期（公元前6世纪—前4世纪）的遗址和文物，佐证了希罗多德在《历史》中记载的"设置征税区"一事。在连通巴克特里亚和粟特地区的道路上，最重要的是克利夫、卡姆皮尔特佩[4]遗址的所在地舒罗布以及铁尔梅兹的渡口。从这些位于北岸的渡口登上铁门关，再穿过基塔奥拉河谷，经纳乌塔克（乞史、史国）到马拉坎达（撒马尔罕）就是常用主干道，玄奘走的也是这条路。

经过"石制佛坛"

　　然而，到达铁尔梅兹后，玄奘也可能并未选择以上任何一处渡口。瓦赫什河同喷赤河交汇成阿姆河，向下游方向没流多远，又有昆都士河从阿富汗汇入，玄奘可能是在紧挨该交汇处的上游河畔渡的河。瓦赫什河同喷赤河的交汇处有著名的宗教遗址塔赫特·伊·桑金，后者将波斯文化和希腊文化相融合。河流交汇处往往也是不同文化交融的地标之一。

塔赫特·伊·桑金（石制佛坛）

　　从这里渡河到南岸，接着只要沿着昆都士河溯流而上，再过了阿斯卡兰，马上就能到活国。《大唐西域记》记载："活国西南至缚伽浪国。"沿昆都士河逆流而上，不久后河流名称将变为巴格兰河，代表已经进入缚伽浪国的领域。不容忽视的是，《大唐西域记》中列举的活国邻国中出现了"阿利尼国"一词。书中（卷二、卷十二）

两度提到此国，尤其是卷十二中还记载了其"带缚刍河两岸"。《大唐西域记》的英文版译者塞缪尔·比尔对"阿利尼"的注解是："此地古时被称为'阿弗兰格'，从地图上看，相当于现在的哈兹拉提伊玛目，位于昆都士以北二十六英里处。"那么，按照他的说法，这里自然也有连通两国的渡口，而若要到这里的渡口，就必须渡过瓦赫什河，再沿喷赤河向东走，而且"阿利尼国"是玄奘听说的国家，说这里是渡河点并不妥当。

被暗杀的王者

玄奘一行终于到达活国，这里"周二千余里，国大都城周二十余里……其王突厥也，管铁门已南诸小国"。国王就是玄奘不远千里从高昌前来拜会的高昌王妹婿呾度设。高昌王的妹妹嫁到突厥，被封为公主可贺敦（王妃），诞下一子后辞世了，而呾度设也卧病在床，玄奘一直等待觐见。呾度设听了"有佛僧携高昌王亲笔书信求见"的禀报后，强撑病体下床，召见了玄奘。读着玄奘的信，呾度设呜咽不止，在场之人无不落泪。呾度设对玄奘说："弟子见师目明，愿少停息，若差，自送师到婆罗门国。"恰巧这时有一梵僧（婆罗门）前来，诵咒治好了呾度设的病。玄奘对"活国"条目着墨不多，但提到了"多信三宝，少事诸神"，想必是察觉到印度教在此地有渗透的迹象。

呾度设病愈后娶了个年轻的王妃，却不知这是个圈套。将新王妃送到国王身边的正是他的长子——统叶护可汗之孙、麹文泰妹妹之子的兄长欲谷设。国王被王妃暗地毒死，长子继任为新设。就在西突厥爆发内乱的前夜，玄奘意外地见证了这场篡夺王位的惨剧。旧王丧礼、新王即位，接二连三的仪式使玄奘"淹留月余"。但他也有意外收获——因呾度设去世，欲谷设即位，缚喝国（巴克特拉[5]）有"僧数十人"前来吊唁旧王，祝贺新王，玄奘得到了和他们交流的机会。最初玄奘计划南下至缚伽浪国，越过大雪山后直奔印度，但新即位的欲谷设对玄奘也是礼遇有加，对请求提供向导和驮队的玄奘说起经缚喝国前往的便利性。欲谷设的话和巴克特拉使臣所说的完全一致，因此玄奘才决心取道西行。滞留活国期间，玄奘也拜访了当地许多佛寺，记录下了"伽蓝十余所，僧徒数百人，大小二乘兼功综习"的见闻。

巴克特拉的废墟

终至王舍城

　　法国考古队发掘的安古尔特佩、京都大学考古队发掘的杜尔曼特佩和查卡拉格特佩等古迹或许和这些伽蓝有关。昆都士地区出土了许多4、5世纪的灰泥和石灰岩材质的菩萨像，说明在玄奘来访很久之前，这里就已经开始建寺、造佛像了。可是该地区佛教遗址的考古学调查仍不充分，有许多谜团还需留待日后的发掘来解开。

　　这里有位受人敬重的高僧达摩僧伽，玄奘和他对论了小乘教的《阿毗达摩大毗婆沙论》。日子过得很快，到了玄奘该离开活国的时候。他作别欲谷设，继续西行。

　　按照《大唐西域记》记载的路线，活国之后是"缚伽浪国""纥露悉泯健国"和"忽懔国"。如果玄奘接下来要去缚喝国，下一站只有走富尔姆才不会绕远路。因此，前述的那两个国家可能是回程时路过的。如果玄奘到过这里，肯定会为现代考古学已探明的诸多遗迹留下无数珍贵的记录，如贵霜王朝的苏尔赫科塔尔拜火教神庙、艾巴克的岩洞伽蓝等。

　　忽懔国"大都城周五六里。伽蓝十余所，僧徒五百余人"。从这里几乎只需往西直走，就能远远地看到传说中的"小王舍城"巴克特拉。虽然这里也受欲谷设统治，但毕竟是历史悠久的古都，自然有种别样的繁华气象。

3. 巴克特里亚的王舍城

阿胡拉·马兹达创建的国家

"缚喝国东西八百余里，南北四百余里。"缚刍河从国土北面流过。"国大都城周二十余里。"相比被河流分隔成东西两半的呾蜜国，缚喝国国土形状稍长一些，但都城大小基本相当。当地物产中柠檬、蜜橘、甘蔗等极为丰富，水生、陆生花卉不计其数，尤以盛开在沼泽中的睡莲为美。"伽蓝百有余所，僧徒三千余人，并皆习学小乘法教"，因此人人都称这里为"小王舍城"。传说王舍城"花含殊馥，色烂黄金，暮春之月，林皆金色"，众僧可能就是按王舍城的布置打造了这里，将它作为向中亚传教的新据点。

缚喝国历史悠长，民族、宗教、文化的发展也多姿多彩，堪称百花齐放。"缚喝"是古代大夏语的叫法，可见其历史之久远。据希罗多德记载，阿契美尼德王朝的第三代国王大流士一世（公元前522—前486年在位）时期，巴克特里亚在帝国内部起到了巨大的政治作用（《历史》）。

巴克特里亚的重要地位不仅体现在政治和行政上，还体现在宗教上。自古传说拜火教的创始人就在这里出生，当上了国王，由此可见其宗教意义之深远。拜火圣书《阿维斯塔》称，至高之神阿胡拉·马兹达创立的第四个国家即为巴克特里亚，它被誉为"美丽的巴克提，高举战旗的国家"。这里曾是一个强大的国度。公元前4世纪，亚历山大大帝率领马其顿军队攻打中亚，就曾在巴克特拉安营扎寨。

阿育王传教

公元前3世纪，在这片吸收了波斯文化与希腊文化的丰饶之地，印度文化的种子悄然扎根。塞琉古帝国将大雪山（兴都库什山脉）以南割让给了印度的孔雀王朝，阿育王当政时，为了向巴克特里亚地区传播佛法，他派遣了一位大师前往那里。据佛典记载，大师名叫摩诃勒弃多。从这时起，巴克特里亚向佛教敞开了大门，甚至有许多希腊人皈依。就这样，佛教缓缓渗透进了巴克特里亚。

后来，巴克特里亚遭受萨珊波斯帝国的沙普尔一世入侵和统治，几经兴衰，但玄奘到来时，这里的佛教依然兴盛。对玄奘来讲，每日参观佛寺、游学的生活定然乐趣无穷，不知不觉日子就一天天过去了。

毗沙门天的愤怒

都城的西南有大伽蓝，由缚喝国的"先王"兴建。此"先王"可能是突厥之前嚈哒人的王，也可能是大夏－贵霜帝国的王。伽蓝被称为"纳缚僧伽蓝"，伽蓝内供有著名佛像，吸引了各国的信徒前来礼拜。佛像庄严、精美，佛堂也装饰得美轮美奂，因此邻近尚武的君长都对伽蓝内的珍宝虎视眈眈。统叶护可汗之子、咀度设之弟咥力特勤便是其中一例，他在父亲被杀后继位，称为肆叶护可汗，企图率领军队突袭伽蓝、夺取财宝，于是屯兵在寺庙不远处的野外。当晚，在伽蓝初建时便为守护伽蓝而立的北卫守护神毗沙门天，出现在了可汗梦中。毗沙门天怒斥："汝有何力，敢坏伽蓝？"说罢用长戟刺穿了可汗的胸膛。可汗从梦中惊醒，感觉胸口疼痛，慌忙派遣使者向伽蓝内的僧众忏悔谢罪，但最终也难逃一死。毗沙门天那时的姿态，应该就像奈良东大寺内守护三月堂后门呈怒号状的持金刚神那般威严吧。

毗沙门天守护财宝，让人想起印度神话中的俱毗罗，其勇武的姿态又让人想起伊朗的财神法罗。这种融合多种元素的"合成神"的出现，将巴克特里亚文化的特征展现得淋漓尽致。

这个故事恐怕是佛教为了在北方宣传毗沙门天的灵验，故意加入了现实的历史背景，好让它显得更加真实。据史书《通典》《旧唐书》记载，肆叶护可汗的治国能力不如父亲统叶护可汗，且疑心重，轻信谗言，因此被部下算计。好不容易逃到康居（撒马尔罕），但最终依然难逃一死。玄奘到达巴克特拉时，统叶护可汗还活着，所以这个故事可能是玄奘回国后，其弟子撰写《大唐西域记》时结合史实添加的，《大唐大慈恩寺三藏法师传》没有记载这段故事。

佛像、佛陀遗物、佛塔

伽蓝之内除北堂外还有南堂。南堂内供奉着释迦牟尼的种种遗物，如大"澡罐"（水瓶）、黄白的佛牙、手柄饰以各类宝物的扫帚——相传是以佛陀用过的迦奢草制作而成。据玄奘记载，每逢斋日，寺中便请出这三件宝物进行展示。每月六次斋日，每逢斋日僧侣、俗家施主便云集至此，供养宝物。北堂有佛像，南堂有佛陀遗物，这两座大堂构成了伽蓝的中心。

伽蓝北面有供养着舍利的窣堵波，"高二百余尺"。佛塔极其壮美，涂金刚泥。伽蓝西南建有精舍（毗诃罗），远近众多才人到此修行，开悟者数不胜数。此地有一习俗，若修行者入涅槃时现出神通，人们便会为他建一座塔。周围大大小小的塔已有数百座，僧侣们每日供养。据傅舍发掘考证，玄奘笔下"高二百余尺"的佛塔，应当就是如今名为"托比鲁斯塔姆"的佛塔遗址。

复原后的窣堵波

20世纪20年代初，傅舍对巴尔赫（巴克特拉）的发掘并不顺利。他本想按照玄奘《大唐西域记》的记载来发掘佛教遗址，但法国考古界坚持要求他发掘巴克特里亚王国的首都，因此他的愿望未能达成，只将对"纳缚僧伽蓝"的发掘勉强进行了一部分。都城的南门处有现在被称为"塔尔瓦萨·巴伐克"的城门，是自古以来通往印度的道路关口。道路通往东南，穿过一片近代的墓地和圣人遗迹（伊斯兰教的圣者墓），右边出现的是托比鲁斯塔姆遗址，再继续前进，左边就是塔赫蒂鲁斯塔姆遗址。1924年，傅舍首次对这里进行考古调查。玄奘说纳缚僧伽蓝在"城外西南"，从古市看塔赫蒂鲁斯塔姆遗址的方位完全相符，他坚信伽蓝必定就在这里（傅舍《从巴克特拉到塔克西拉的印度古道》，1942年）。那么，位于"伽蓝北"的窣堵波自然就是托比鲁斯塔姆遗址。

塔赫蒂鲁斯塔姆遗址

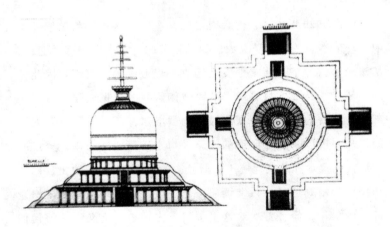

纳缚僧伽蓝的窣堵波遗址复原图

　　尽管伽蓝的北堂和南堂如今已无迹可寻，但窣堵波已被发掘，其台基部分已经明确，复原图也被绘制出来。从复原图上看，塔底为两层的方形基坛，基坛四面都设有台阶。方形基坛之上为圆柱形基坛，再上为高高的伏钵。玄奘所见的"众宝厕饰"的大塔，在百年后也成为入侵者掠夺的对象，毁于一旦。法国的考古队现在仍在巴尔赫考察，在纳缚僧伽蓝东北、旧城内东门附近的泰普扎戈荣发现了佛塔和伽蓝遗迹。玄奘记载的"百余所"伽蓝中有一部分可能就在这片区域。

日本的考古队也迫切希望参与对"缚喝国"佛教遗迹的发掘调查和研究。继拜火教的世界后，玄奘在这里亲身体验了佛教世界，然而关于这片区域的研究至今还是碎片式的，无异于管中窥豹。佛教迄今仍在日本健康发展，阿富汗考古学界也希望日本的研究人员加入到对当地悠久历史的考古发掘中。

"头发和指甲"的故事

在纳缚僧伽蓝的对面，"大城西北五十余里"有提谓城，"北四十余里"有波利城。二城城内分别建有"高余三丈"的佛塔，建造年代相当久远。

"提谓"和"波利"原本是两兄弟的名字。二人都是精明能干、学识渊博的商主，率大商队从南国去往北国。成道后的释迦牟尼七日不食，坐在树下思考悟到的内容，恰巧二人率领的商队经过，碰到身穿红褐色衣服的释迦牟尼，感受到他身上散发出的威光，于是献上了麨蜜[6]。接下来是继四天王献钵之后，佛典中记载的释迦牟尼成道后最重要的场景之一：二人听完释迦牟尼教诲，请求他赐一些东西以便带回去供养，释迦牟尼便将自己的"头发和指甲"赐给了他们。

根据佛教律典之一的《四分律》记载，起初二人很是不解，直接问释尊："这种世人轻贱、剪下来的丢弃之物，我等为何要供养？"释尊回答："赐予你们这个，意思是礼拜之心不可有一丝懈怠。"商主很现实，又问："供养头发和指甲，能给我们带来什么好处呢？"释迦牟尼耐心地向他们一一列举了实际的好处。

　　接着两人又问供养、礼拜的方法。释迦牟尼先将僧伽梨（袈裟、外衣）叠成四方放在最下面，然后依次叠放郁多罗僧（上衣）、僧祇支（内衣），其上覆钵，立锡杖。两人回国后遵循教导，在城里建了宏伟的高塔，分别供养头发和指甲。

　　按律典和《大唐西域记》记载，这就是提谓、波利两城建立佛塔的缘由。当然，佛塔不可能建于释尊在世的时代。释迦牟尼叠放三重衣、覆钵、立锡杖来提示塔的形状也纯属虚构，灵感可能源于后世流行的方形基坛之上加圆形伏钵的造塔之法。不过玄奘听说并记录下来的这段造塔机缘堪称绝妙，一方面，这则故事借用佛典记载的神圣场景，解释了在远离印度圣地的巴克特拉造寺、造塔的契机，凸显了其正统性；另一方面，这则故事既符合同时代犍陀罗流行的佛塔形状，还加入了"遵循释迦教诲，建造最早的窣堵波"这一虚构内容。

　　释迦牟尼在成道之地遇见两名商主的故事本身也很引人入胜。据经典记载，此二人是北国人，"以五百乘车载其珍宝还归本国"（沟口史郎译《方广大庄严经》，"佛陀的境界"），是往来于印度和巴克特里亚的贸易商人。即使二人不曾和释尊真正相遇，贸易商人也无疑在两地间发挥了思想、宗教的桥梁作用。"商主"带领粟特商人在西域的丝绸之路上自由往来，扮演的角色和"萨宝"（商队长老）也大体相当。

遗憾的是，至今仍未确认传说在今巴尔赫西北及北面二城的位置，也未确认其中是否存在佛塔。迪尔伯德金特佩遗址于巴尔赫西北约50千米处发掘出土，我们只知那里有贵霜王朝时期的佛教遗迹。随佛塔、佛像一同出土的还有拜火坛，由此也可一窥巴克特里亚佛教的侧面。

度过学习的时光

都城"西七十余里"的地方有"高余二丈"的窣堵波，据说为"迦叶波佛时之所建也"。迦叶波佛是过去七佛中的第六佛，因此这一说法只是传言。

玄奘根据在缚喝国的所见所闻，记录下的伽蓝、塔堂就是这些。除四处寻访圣迹外，另一件对玄奘来说非常重要的事就是跟随驻足在纳缚僧伽蓝的磔迦国（今印度旁遮普地区）的小乘高僧（三藏）、因学识深厚而声名远播的般若羯罗（慧性）重新学习《阿毗达摩大毗婆沙论》。此外，当时寺内还有达摩毕利（法爱）及达摩羯罗（法性）两位小乘三藏。《大唐大慈恩寺三藏法师传》记载，这几位高僧都受人尊敬，而玄奘"神采明秀"，格外受人敬仰。眨眼间，一个月过去了。其间，巴克特拉西南的锐秣陁国（疑位于今阿富汗萨利普尔）、胡寔健国（疑位于今阿富汗谷兹干地区）国王再三邀请玄奘。盛情难却，玄奘利用学习间隙前往。书中有关于这两国都城的记述，但没有关于其佛寺的记录。

《大唐大慈恩寺三藏法师传》未记载胡寔健国西北的呾剌健国，我们可将其视作玄奘听说的国家。从《大唐西域记》对该国"西接波剌斯国界"的记载来看，指的可能是今迈马纳至安德胡伊的区域。目前能够确认的佛教传播范围最西端为穆尔加布河下游、土库曼斯坦的梅尔夫。梅尔夫被称为"马尔吉亚那的亚历山大"，是一座有着悠久传统的都城。在其都城旧址吉拉卡拉东南面发现了佛塔和佛像，说明拜火教和佛教曾在此并存。

《大唐西域记》记载返程路线的卷十一第二十条，有关于波剌斯国的记述。玄奘详细地记录了传闻："伽蓝二三，僧徒数百，并学小乘教说一切有部法。释迦佛钵在此王宫。"可见玄奘也关注过这个位于佛教传播路线最西端的国家。玄奘似乎没有见到佛寺，只是听到了传闻，但他还是保留了关于呼罗珊地区呾剌健国的记载，原因可能也在于此。

4. 登上九折之山

越过"飞雪千里"的山

离开纳缚僧伽蓝时，玄奘的良师益友慧性法师要求与他同行，于是二人一同踏上了旅途。两人离开缚喝国，沿巴尔赫河溯流而上。斯特拉波曾准确记述："与市同名的河流贯穿该市，注入奥克苏斯河。"（《地理学》卷十一）两人沿河一直南行，进入山峡，前进"百余里"，到达多石的丘陵连绵之地。这里就是揭职国。揭职国土地贫瘠，花卉、果树稀少，但菽、麦很多。此地有"伽蓝十余所，僧徒三百余人"，僧人都在学习小乘教说一切有部。关于揭职国的所在位置，傅舍和塞缪尔·比尔的意见基本一致，都认为它在今达拉哈斯或塔玛里斯溪谷（据《玄奘三藏在阿富汗的旅程的注解》，出自《佛教美术研究》）。这里也是玄奘越过铁门后长途跋涉过的睹货逻国南境。

东南方向耸立着一座大雪山，他们必须翻越过去。这让玄奘想起了曾让队伍付出过巨大牺牲的天山。波斯人和希腊人都对这座大雪山无比敬畏，称它是"飞鸟也难越之山"。据玄奘记载，这里"山谷高深，峰岩危险"，狂风一直吹，雪不停地下，坚冰在盛夏也不会消融。溪流沿线的小道被谷间积雪覆盖，十分危险，通行难度比冰河和沙漠大得多。这景象让人恍惚间觉得，战国诗人宋玉的"西方之害……增冰峨峨，飞雪千里些"，简直是为此处量身定做。

当地人传说，途中有"山神鬼魅，暴纵妖祟"，还有凶恶的山贼出没。不知玄奘是否想起了父亲口授的《孝经》，心想："身体发肤，受之父母，怎可以身犯险？"人在痛苦时，总会调动所有的记忆来对抗它。"六百余里"走得何其艰难，两人终于出了"睹货逻国境"，前路虽是缓坡或曲折的山路，但只要沿路行走，自然就能抵达巴米扬王国。想到这里，慧性和玄奘都加快了脚步。不知不觉间，河流流向也变了，河边的草木看起来也柔嫩多了，直到这时他们才终于越过了大雪山。前人从未到过的巴米扬王国就在眼前。

沿着玄奘走过的路

到19世纪，玄奘和慧性走过的路上出现了许多后来人，只是行进方向不是玄奘一行的由北向南，而是由南向北。这些后来人是特里贝克、穆尔克拉夫特和马松（紧随前二人之后）等欧洲冒险家，怀揣着对"未知之地"的梦想前来，但他们对玄奘和佛教一无所知。傅舍首先意识到这条从南向北的道路是玄奘曾经走过的，并于1923年参照《大唐西域记》亲自踏上旅程。然而，即便是傅舍也只走了一半，没能走完从揭职国到梵衍那国的全程。之后许多人的情形也差不多。1964年，名古屋大学考察队开始了对这条路线的考察。他们走过了傅舍那段信息比较准确的路，找到了达拉·尤素福河，但没能沿河而下。不过，通过这次考察，他们查明了许多以前不为人所知的村落的名字。

在巴尔赫逆巴尔赫河上行就到了察布查尔，再继续向前就到了巴尔赫河与达拉·尤素福河的交汇处。从此处向东南走就进入了兴都库什山深处，不久即可到达夏尔·奥里亚。如在此处左转，就将经过夏尔·迟希马到达鲁伊，但要去巴米扬，则必须攀上向右的道路。接下来将依次到达夏尔·多赫塔兰、达瓦萨珊、普士特·卡尔·阿福干、宝卡里、阿劳丁、萨亚、奥巴拉克和夏尔鲁。在这里，道路又分为向左下山前往鲁伊的路和向右继续登高的路。玄奘一行应该是选择了继续向右的道路。途中会越过高耸的卡拉山，但更大的难关还在后面，它们依次是山口处的马杜村、萨拉穆什村，途中左转经过卡拉·达什托·采法特村后能看到下至多阿卜村的道路，继续穿过波扬班库、路珊库卡玛尔、拉噶其等村子，还要翻越最大的难关——旦旦希堪·科塔尔山（"旦旦希堪"意为"牙齿打战"，"科塔尔"意为"山岭"）。山如其名，道路险峻得让人牙齿一个劲打战。出山口后不久，道路大幅折向东面，通往赛甘村。从这还要再越过四座山。从赛甘村向南，则会经过卡卜奇山口、德西玛、塔弗米·沙耶亚克、索弗塔·琪拉尔，而后到达斯姆山口，这时走的已经是下坡路了。接下来是阿克罗巴特山口，然后便是最后一座山——萨卜扎克山。从山口一路下行，出山谷后立刻能遇到一个三岔路口，西连沙希坦，东接巴米扬。

我想，慧性到了此处，一定曾指着路口鼓励玄奘："顺着那条路向左走，不远处就是巴米扬了。"

至今仍不为人知的险路

即使到了后世，仍有许多人承受着相同的艰难，往来于玄奘和慧性走过的这条路。遗憾的是，大半留下记录的人都是从南向北，越过卡拉山后向右拐，向北越过兴都库什山，经索夫卡拉、波伊坦奇、多哈它·伊·巴桑德、沙姆斯林等村庄去往鲁伊村。鲁伊是连通北面的巴尔赫及艾巴克的重要三角形端点。离开鲁伊村，不远处有名为"多赫塔·伊·诺希万"的遗址，其风格受萨珊波斯帝国影响很大。名古屋大学考察队是唯一一支对该遗址进行过实地调查的日本考古队。但是，无论是早在1923年就考察过这里的法国考古队还是日本考古队，都没能调查从卡拉山口左拐至达拉·尤素福河与巴尔赫河交汇处的路线。

因此直到今天，玄奘和慧性从揭职国前往卡玛大雪山时艰难跋涉过的"九折山路"仍未得到勘察。阿富汗如果能恢复和平，相信人们很快就能实地考察这条险路。

玄奘和慧性沿着山路，蹚过一条条东流的小河，看着地面被绿色覆盖的面积一点点扩大，加快了向巴米扬进发的脚步。路上不时能远远地听到驴叫和鸡鸣。这里有人生活，巴米扬就在不远处了。

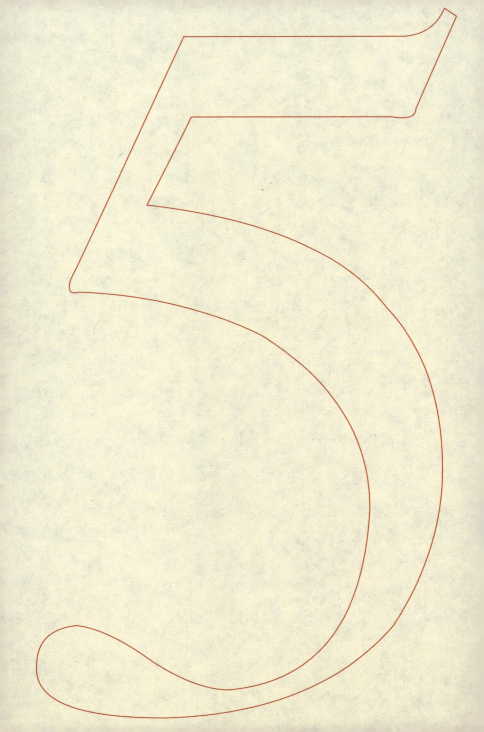

* * * * * *

佛教文化的圣地巴米扬

1. 巴米扬大佛

被雪山环绕的圣都

　　羊群随处可见，它们一边品尝青草，一边四处游荡。远眺而去，左右两侧连绵的群峰骤然变矮，眼前豁然开朗。此处是郁郁葱葱的巴米扬溪谷，眼前骏马奔腾，耳闻驴叫声声。人们面水依山而居，有的凿洞为屋，有的住在泥土砌成的平房里。远在溪谷对面，一座用土墙围起来的建筑物映入眼帘，惹人注目。慧性伸手遥指对面说，那就是梵衍那国的都城。再往都城右边看去，位于最内侧的是一座巨大的土丘，俯视着山脚下的都城。土丘呈角锥形，如同埃及的马斯塔巴墓葬一般，角状的小塔到处都是。真是一幅不可思议却引人入胜的美景。终于，玄奘一行到达了大雪山（兴都库什山）南麓的另一座圣都。

　　都城里人声鼎沸，或许玄奘一行即将抵达的消息早已在此地扩散，国王亲自率领众大臣前来迎接，诚挚地问候了他们。双方相互介绍后，极度推崇佛教的国王邀请他们前往王宫，并请求他们接受供养。

　　正如玄奘所记录的，巴米扬"在雪山中"。梵衍那国北边是大雪山，南边也有一座雪山（巴巴山脉），被两山夹在中间，位于东西向延伸的细长溪谷附近。玄奘用一句"国大都城据崖跨谷"准确地记录下了该国的地理特征。或许他此前所见的大都城都被城墙围绕着，只能用"周围"一词描述都城的大小，唯巴米扬例外，他原封不动地把观察到的都城地势记在书中。"长六七里"或指东西长度，"北背高岩"，一座坐北朝南的都城跃然纸上。

如今的巴米扬全景，崖壁左侧是被炸毁前的西大佛遗迹

法国和日本的考古队曾几度尝试勘探，遗憾的是至今仍无法清楚了解王城遗构。这里展示一张都城假想图，由考古学者扎马亚来·塔里兹依据玄奘记载的内容所绘制：

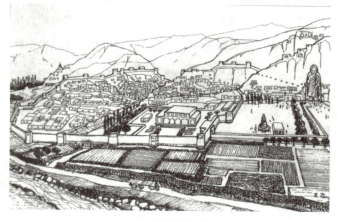

巴米扬都城假想图

寻访巴米扬的寺院

　　玄奘被王室接入宫中，在此逗留了较长时间。他这样做，想必一来是为了回应国王的深情厚谊，二来也是打算从容不迫地膜拜、巡礼该国气势恢宏的伽蓝。

　　此地有"伽蓝数十所，僧徒数千人"，僧人学习"小乘说出世部"。在这之前，玄奘沿途经过的各个国家，僧侣研习的佛法都属于"小乘有部"；只有在巴米扬，众僧学习的是"出世部"。"出世部"为小乘二十部之一，是小乘部在上座部和大众部分裂后又从大众部中派生出的首个派系。玄奘决定在此滞留数日，必定也是为了了解这种流派的内涵。

　　实际上，此地有两位精通法相学、隶属摩诃僧祇部的学僧，他们分别是阿梨那驮娑（圣使）和阿梨耶斯那（圣军）。两位高僧深知玄奘学识非凡，欣然迎接并陪同他巡礼巴米扬的各处伽蓝。玄奘也向这两位请教小乘的奥秘，跟随他们巡礼，并探寻其起源。由此一来，《大唐西域记》"梵衍那国"条的内容，不仅是现存巴米扬历史的最早记录，还是巴米扬佛教文化鼎盛时期最为周详的实录，时至今日仍具有极高的价值。

语言相异

　　巴米扬的居民，不仅将金银用作货币，所用文字也跟位于其北方的睹货逻国相同，但日常口语却略有不同。巴米扬的土语虽说被归于印欧语系伊朗语族中的吐火罗语圈，但与之仍有微小差异，玄奘的记录正是指出这种差异的重要文献。据《大唐西域记》记载，巴米扬的土语跟吐火罗语"少异"，而玄奘接下来造访的迦毕试国"语言"和吐火罗语"颇异"，可见玄奘是明确地带着相当于现代课题（书面语和口语的差异、语圈与佛教文化的相关性）的意识进行观察的。足迹遍布中亚各国的玄奘，判断文化异同的指标逐渐成形，其中之一就是焉耆·龟兹语和吐火罗语，这一点非常有趣。就连出版了《吐火罗语汇编》（2008年）的乔治－让·品诺也认为，解开中亚和印欧语系历史关联性的时代正拉开序幕。

从"三宝"到"百神"

玄奘发觉，巴米扬与相邻诸国最大的差异便在于其"淳信之心"，"上自三宝，下至百神，莫不输诚，竭心宗敬"。"三宝"原指佛、法、僧，具体来说便是佛像、经卷和僧侣；"百神"应该是当地各神或佛教之外各神的统称。巴米扬人保持着自古以来的传统信仰，而王公贵族除了传统信仰之外，或许也笃信着被引入为国教的佛教。虽然玄奘在书中将不同信仰共存的状态记录为"杂信"，但是在巴米扬，人们不排斥佛教之外的众神，而是将众神巧妙地融合在佛教之中，让自己的信仰更加笃定。至今在巴米扬遗迹附近，尚存的伊斯兰教遗址仍随处可见，这或许是古时供奉"百神"的祠堂遗址。

瞻仰"西大佛"

前面提到，玄奘在巴米扬学僧阿梨那驮婆和阿梨耶斯那的带领下，四处巡礼膜拜伽蓝，但他们究竟从何处开始，又到何处结束，

巴米扬东大佛

两位高僧所住的庵室到底位于何地，这些问题至今尚无定论。不过，按照《大唐西域记》的记录顺序看，他们必定先去膜拜了位于"王城东北山阿"的大佛龛中的西大佛。"高百四五十尺，金色晃曜，宝饰焕烂"的西大佛映入眼帘，玄奘忠实地将自己的眼前所见记录下来。目前已知，实测高度近55米的大佛，要先在砾岩上摩崖刻出全身，再涂上一层土打底，以勾勒衣服的线条；接着要再涂一层石膏，使佛像周身更加光滑；最后才在最顶层涂色，为大佛做整体修饰。玄奘所写的"金色晃曜"，我们无法明确判断是指大佛全身金光闪闪，还是指未被僧衣遮住的部分为金色。另外，后一句中的"宝饰焕烂"一词，也不确定指的到底是衣服的设计，是大佛周身装饰的璎珞（用金、银、珠宝、珍珠等串成的饰品），还是描述佛龛整体庄严肃穆。但是，西大佛的美轮美奂是无可争议的。

巴米扬西大佛

膜拜西大佛后，玄奘一行接下来拜访了位于西大佛东面、"此国先王之所建"的伽蓝。这座伽蓝或许位于雕刻大佛悬崖前方的某处平地上，历史悠久。法国考古队的塔尔兹教授在此地数年，坚持发掘地上伽蓝，他发现在玄奘继西大佛后膜拜的东大佛东面，有一处带有大型佛塔和浴池的伽蓝遗址。另外，他还发现在今天西大佛与东大佛正中间的区域，有一处带佛塔的伽蓝遗构。从所处位置来看，后者很可能就是玄奘说的"此国先王之所建"的伽蓝，不过还缺少可靠证据。

"东大佛"是铸造的佛像吗？

接下来，玄奘一行前往的就是比古伽蓝更往东的"释迦佛"。玄奘仰望着近在咫尺的释迦佛立像，记录下"高百余尺"，由"鍮石"铸成。该佛像高约百尺，与实测高度 38 米也大致吻合。玄奘能将东西两座大佛的高度把握得如此准确，或是因为他现场请教过了解兴建佛像细节的相关人员。然而，玄奘说西大佛是"石像"，东大佛又怎么会是"鍮石"所铸？玄奘在《大唐西域记》卷二起首的《印度总述》中记录印度产量丰富的矿石时，写到"鍮石"与金、银、白玉（白玛瑙）、火珠（水晶）为同等珍贵之物。据说在中国，鍮石指"自然铜之精也"，虽属于铜，但为"呈金黄色"的合金。玄奘敢称东大佛由"鍮石"制成，大概是因为他认为此佛像明显经铸造而成。可即便如此，一次性铸成规模如此宏大的佛像，几乎也是不可能的。如果佛像真是铸造而成，那么它肯定和奈良大佛一样，先被分成多个小部分铸造后再结合为整体，除此之外别无他法。正因如此，玄奘才在后文记录"分身别铸，总合成立"。

玄奘指的是该释迦佛像整体经铸造制成，还是佛像外围包裹着一层铸造外皮？ 1922 年，傅舍作为首次踏入巴米扬进行实地勘探的考古学家评论说："无论是目睹，还是听信向导的说辞，关于这一点，就连一向诚实的法师也陷入了误解，"实际上，"佛像应该是经粗加工后涂以石灰泥进行修饰，再加涂红色涂料，最后覆上金皮。或许金皮很厚，误导法师确信此佛像是铸造而成的了。"（傅舍《佛教美术研究》）事实究竟如何？ 2001年春天，塔利班轰炸了此地，大佛化为残块与尘土，却也在无意中揭示了我们此前未知的各种真相。

神秘的大佛与无遮大会

玄奘探访过的大大小小的塔堂伽蓝一定还有许多，但留下记录的却只有象征佛都巴米扬受群山环绕的摩崖佛像，以及矗立于平地之上的古伽蓝。最后，玄奘在离开巴米扬之际，还留下了一个最大的谜团，即书中"城东二三里伽蓝中有佛入涅卧像，长千余尺"的记录。"长千余尺"可是比高"百余尺"的东大佛（释迦佛立像）大将近十倍，也就是说，这是一尊长达300米的巨佛。能够容纳下如此巨佛的伽蓝究竟在何处？即便它是一尊露天大佛，能够安置这样一尊涅槃佛像的场所也极为有限。《大唐大慈恩寺三藏法师传》卷二还特地提到"庄严"之"微妙"，由此可以判断，玄奘的确是亲眼看见了。玄奘还写道："其王每此设无遮大会。""无遮大会"是指"不分男女、贵贱、道俗而进行财施或布施的法会"，每五年举办一次。在巴米扬涅槃卧佛所在的伽蓝，"上自妻子，下至国珍，府库既倾，复以身施，群官僚佐就僧酬赎，若此者以为所务矣"——玄奘详细记录了听闻的法会盛况。

在印度阿育王的碑文（在阿富汗坎大哈发现的阿拉米语[1]碑文）上，这场规模宏大的布施大会被记为"命运赋予每个人的义务"。由此可见，这种活动不仅具有宗教色彩，还极具政治和经济色彩。

消失的大涅槃佛像

玄奘的巴米扬观礼之行，以这座拥有涅槃卧佛的伽蓝为终点。

这尊涅槃卧佛不同于摩崖而刻的东、西两座大佛，由砖头堆砌后再用土和石膏打造，因此后来破坏起来并不费时费力。道宣在《释迦方志》中基于《大唐西域记》的记载对此事进行了简略描述。在书中，他将这尊涅槃佛记为"涅槃卧素佛"。如果"素"通"塑"的本字"塐"，就代表道宣认为这尊涅槃卧佛由黏土塑造。由此可以推测，建造佛像的大量砖瓦后来被用于建造房屋或其他建筑，因而没过多久便消失得无影无踪。然而，用于支撑一尊如此巨大的佛像的底座或基石，真有可能消失得不留痕迹？并且，玄奘笔下的"城东二三里"所指的到底是哪里？时至今日，巴米扬的三尊大佛中最大一尊的谜团仍无人可解。

大佛头上的"天神"

玄奘踏上巴米扬的土地是在贞观三年（629年），而关于大佛建造的时间，东大佛是在6世纪末，西大佛是在7世纪初，这是日本和德国分别通过碳测量法推算出来的。由此看来，玄奘见证了巴米扬佛教发展的鼎盛时期。大佛佛龛上绘有精美的壁画，但玄奘并未提及。值得注意的是，他写到往来于贯穿巴米扬地区东西大道的商人们，为祈求旅途平安、生意兴隆，必会向"天神"喜舍。"天神"则会向商人们展示"征祥"或"祟变"，让他们追求"福德"。若喜舍不爽快，便无法安全通过狭长的峡谷。玄奘所说的"天神"到底是什么？

接下来虽有多种推论，但在我看来，所谓"天神"可能是绘在东大佛头上宏伟的光明神（见下页图）。从下往上看，有四匹长翅膀的白马拉着一辆二轮战车，车上站着一位斗篷下摆翻飞、在空中疾驰的神，这便是玄奘所说的天神。天神展示的吉祥征兆无疑是在大佛脚下通报心愿的执事僧的意志。

飞天的密特拉神

绘于释迦佛头顶的天神，以印度太阳神苏利耶为世人所知，但在比印度更靠西的巴米扬地区，人们认为这是中亚、伊朗自古以来崇拜的密特拉神。拜火教圣书《阿维斯塔》中有一篇颂歌《梅赫尔·亚什特》，讴歌了飞天的密特拉神梅赫尔。

向你致敬！领有辽阔原野的梅赫尔，拥有千只耳朵、万只眼睛的梅赫尔……无所不知，无所不晓……我们以祖尔供品赞美你！

在永恒的、快似骏马的太阳升起之前，出现在哈拉山顶的第一位天神，正是他。

身披万道霞光，最先从壮丽的哈拉山顶探出头来……

梅赫尔驾驭着金镶玉嵌的彩舆……四匹雪白的神马，拉着这乘彩舆。

那前蹄金、后蹄银的匹匹神马……

金光耀眼的阿扎尔和强大的凯扬灵光在他前方飞翔。

大佛头上方刻画的天神密特拉（线稿）

这位身背锯齿状外沿的圆轮，右手握枪站在车上的神，便是在快似骏马的太阳升起之前掌管光明的密特拉。本维尼斯特解释说："第一，此神是掌管真理之神，让人保证誓约、遵守契约。崇拜此神者会得到神的祝福，所做之事无往不利……第二，密特拉是掌管光明之神，当然也包括阳光。此神洒下的阳光有助于动植物的发育、成长，会给敬奉他的众人带去财富和健康。"（《从主要希腊语文献看波斯人的宗教》，出自《拜火教论考》）

青金石的蓝天

这位印度－伊朗语族中最古老的神，想必是因为巴米扬有新的佛教理念融入，才被画在释迦大佛头顶吧。大概是壁画中天神左右行列图（下页图）中的主角（巴米扬王国的王公贵族）请来"战神"作为国家的守护神。有僧手捧香炉，在前引路，其后便是国王、贵族及其家人，再往后是参加仪式的高官。有学者认为，壁画展现的是"无遮大会"的盛景，但我并不认同。在我看来，画中呈现的是具有特殊意义的盛会：将新年密特拉祭祀与大佛开眼供养合二为一，既有宗教礼仪，又有王权礼仪。若它仅仅是一场宗教活动，没有民族、政治的强烈意图，规模不会如此盛大。天神驾驭着战车，以被涂成鲜亮深蓝色的浩瀚天空为背景，该颜色在后来马可·波罗的《东方见闻录》中有所记载。他探访阿富汗东北部巴达赫尚的采矿现场时，惊讶地发现了一种"青色原石"，便将其命名为"青金石"。若是将巴米扬石窟里的所有壁画结合起来，就能看出这真是一项非常浩大的工程，而且，壁画所使用的深蓝色颜料，无论浓淡，一律采用了青金石。能大量使用昂贵的青金石来绘制壁画的国家，想必不仅信仰深厚，财力也很雄厚。

绘于天神左右的行列图（线描图，左二为手捧香炉的僧人）

巴米扬王国能够迅速积累起巨额财富，得益于嚈哒族南下导致的犍陀罗衰落，以及由此引发的财富扩散；同时也得益于一项具有划时代意义的事件，即连接印度世界和中亚、波斯、希腊世界的交通贸易路线的变更。

2. 矗立在黎明中的偶像

关于消失的大佛之记录

跨越一千五百年，几经世间轮回，又历经无数战火锤炼，仍旧超然矗立于山间的东、西两座岩刻大佛，在2001年春天被炸毁。巴米扬溪谷地区的伊斯兰教信徒，因东大佛的僧衣残留着些许颜料，故将其称为"赤像"，而将西大佛称为"白像"。当地老人告诉我们，相传过去两座佛像的佛龛中都有巨大的帷幕遮挡，只有在某些节日庆典的时候，帷幕才会被拉开。

将巴米扬地区存在佛像一事宣传至全世界的，是用拉丁语写下《古代波斯宗教史》（1700年）的托马斯·海德。托马斯·海德是牛津大学的阿拉伯语教授，也是博德利图书馆馆长，是一位博闻强识之人。他通过伊斯兰教文献，了解到巴米扬地区存在被称为"布托"（Buto)的石像。不过，当时海德并没有将"布托"记录为"佛像"（Buddha），而是将其解释为"偶像"（Idol)。指出该"偶像"源自"印度偶像崇拜"的是歌德。在《东西诗集》（1819年）问世的第二年，歌德为了让大众更好地理解诗集内容，特意写下了附注和论文。在他为《拜火教徒集》加的"古代波斯人"这一注释里提到巴米扬"如同巨人一般，可谓达到妄念之极的偶像"，并明确地指出这正是受"印度偶像崇拜"影响的产物。歌德自始至终都不了解佛教，却对"将神的风姿镌刻在岩壁上"的人们表达了敬意。歌德辞世后仅仅半个世纪，德国便出现了"佛教学的金字塔"——欧登柏格所著的《佛陀的生平、教说、弟子》。

来自欧洲的访客

进入19世纪，追求个性、野心以及冒险精神的欧洲旅行家纷纷踏上仅从书本中了解到的"未知之地"。英、俄两大国企图将阿富汗收入囊中，成为自己的缓冲地带，通过各种各样的形式，向阿富汗国境内输送人员。特别是英国，对阿富汗抱有浓厚的兴趣，为此不问远近，派遣人员前往当地。

1824年夏，以登陆中亚布哈拉为目标的穆尔克拉夫特一行，成为首批踏入巴米扬地区的欧洲人。"前方摩崖耸立，那两尊有名的偶像就在石窟中，摩崖全部凿有蜂窝状的石窟。"（《白沙瓦、喀布尔、昆都士、布哈拉之旅》，1837年）这是有关欧洲人目睹巨大佛像真容的最早记录。据说他们为纪念本次访问，曾用木炭在洞窟的石壁上写下了自己的名字。

1832年，亚历山大·伯恩斯终于来到以"大像和遗迹"而闻名的巴米扬。据他记载，此地共有两座大像：一尊是男性形象，叫作"塞萨尔"；另外一尊为女性形象，被称为"沙玛玛"。这应该是他从当地人口中听到，并直接记录下来的。或许人们将西大佛看作"王"，将东大佛看作"王妃"，并代代传承下来。跟大佛一同生活在这片土地上的其他信徒，对佛像的传说加以改编，使其与大佛像共存。即便是因首次将"两座偶像"的风姿画成素描而闻名于世的伯恩斯，当时也并不知道所谓的"偶像"便是佛像。

伯恩斯绘制的摩崖远景简化素描（1833 年）

1835 年，冒险家查尔斯·马松来到巴米扬搜集古钱币。不过，马松仍然无法断定"欧洲人感到好奇的偶像"是不是佛像，只是写道："远眺这一对大像，让人不禁思考它们是否为纪念历任君主而建。"但是，马松留下了一幅以东大佛为中心的摩崖远景素描图，这也成为对清楚了解当时巴米扬具体状况至关重要的史料，至今仍有很高的参考价值。1839 年，德国地理学家卡尔·李特尔虽然跟歌德一样从未踏上阿富汗的土地，但或许从伯恩斯和马松发表文章的《孟加拉·亚细亚协会学报》中获得了相关线索，因此在柏林做了关于"巴米扬的巨大偶像"的报告，震惊世人。

《大唐西域记》的价值

终于，两座"偶像"迎来了转机。1885 年，为出席英俄协商会议（英国跟沙皇俄国就如何划定阿富汗北部边界而进行的会议），英国向阿富汗各地派遣考古调查团，其中塔尔伯特带领的人马最终抵达了巴米扬。为了这次调查，他们带来了迄今为止最全面的指导资料。那是塞缪尔·比尔翻译的英译版《大唐西域记》，以及比尔在翻译时参考过的儒莲的法语版本（1857—1858年）。终于，用"偶像"称呼"两尊大像"的时代结束，改称"佛像"的时代开始。于是，玄奘的记录再次在巴米扬焕发生机，也开启了从考古学角度验证《大唐西域记》史料价值的新时代。

塔尔伯特考古调查团的成员迈特兰德留下了精美的东、西大佛素描图（各一幅），还骄傲地写道："这两座大佛毫无疑问正是玄奘记录的佛像。"他们调查的概要和一页草图于第二年（1886年11月6日）登上了《伦敦画报》，报道一出，轰动全球。这篇报道又在转年，也就是1887年1月9日，由大阪《朝日新闻》进行了以《巴米扬的大立像》为题的大幅报道，向日本介绍"阿富汗巴米扬的石刻大立佛"。日本人初次见到的巴米扬大佛，是由跟随此调查团来到巴米扬的印度肖像画学生拜伦·巴克希所绘的画像。"玄奘的记录已明确表示此佛像便是佛陀像，再看立像发型呈旋涡状，耳垂长且大，僧衣上有衣襞，这些都是说明此佛像是佛陀像的确凿证据。"此时，日本正处于鹿鸣馆[2]盛行的时代，当时的国民是如何理解这篇报道的？这一时期，跟芬诺洛萨一同身处欧洲的冈仓天心——这位虔诚到即便路过卢浮宫也过而不入的东洋美术拥趸，应该不会关注《伦敦画报》的报道吧。

阿富汗独立以后

在第三次英阿战争（1919年5月3日—6月3日）中，阿富汗成功战胜英国，成为独立的现代国家，新时代的曙光也照进了巴米扬。1922年9月，法国与阿富汗签订了文化协议，在取得对阿富汗考古领域三十年垄断权后，法国也开始派遣考古调查队，对巴米扬正式开展全面考古。

首先进入巴米扬的便是发表《犍陀罗的希腊式佛教艺术》的佛教学者阿尔弗雷德·傅舍及其妻子巴赞·傅舍。不用说，傅舍的调查正是基于玄奘的著作。虽然傅舍夫妇的调查仅持续了九天，但是却为即将开展的正式调查充分发挥了指南针作用。1923年，建筑学家安德烈·戈达尔夫妇和考古学家约瑟夫·哈金接手了他们的调查工作。由此形成的一系列调查报告便是著名的《巴米扬的佛教故址》（1928年）。他们在此次调查中参考的最重要的文献史料仍然是《大唐西域记》和《大唐大慈恩寺三藏法师传》，但实际采用的是保罗·伯希和完成的新译注本。

关于"宿麦"的问题

玄奘西行约百年后，慧超法师踏上了一条相反的道路，从印度经西域返回中国，自东向西抵达巴米扬。他的行记《往五天竺国传》，于1905年在敦煌昏暗的藏经洞中被发现，发现者便是伯希和。伯希和很早便有意为玄奘著作添加精确的译注，因而在接到戈达尔和哈金的译注委托后，便为他们提供了便利。伯希和为巴米扬相关条目添加的译注周密细致，即便在今天仍是学术界讨论的焦点。

玄奘写到了巴米扬的一种叫作"宿麦"的作物，这种"宿麦"所指何物，伯希和译注如下："儒莲将其翻译成'播种晚的小麦'，比尔也沿袭他的理解，翻译为'春天播种的小麦'，而托马斯·瓦特斯则翻译成'播种早的小麦'。从结论来看，还是瓦特斯的译注最贴切。因为'宿'本身有'越冬'之意。夏尔·塔兰扎诺在《法汉科学用语辞典》中也注明，'宿麦'就是'冬麦'，即入冬前播种、早春发芽的麦子。进一步讲，单就麦而言，'宿麦'也可以说是大麦，何况译成'大麦'的场合比'小麦'更多一些。然而，尽管诸多文献都有统一的译注，我认为仍然存在疏漏。玄奘并没有亲身观察、触摸巴米扬的其他农作物，又怎么能够单将'麦'特定为'宿麦'呢？在'揭职国'条目中，虽然提到一些跟宿麦相似的农作物，但大多被记为'菽、麦'。'菽'这个字在古代的读音，与'宿麦'中'宿'的读音几乎相同。如此一来，我认为玄奘实际想表达的不是'宿麦'，而应该是'菽麦'。否则，在后续的'揭职国'条目中也必须将'菽麦'读成'宿麦'。'菽麦'这个词语，在《诗经》里已经出现。虽说这一表达方式肯定在唐朝时便已出现，但是除了玄奘的著作，我并没有找到其他可供参考的例子。将'宿麦'的本义按照我所说的修正成'菽麦'，从事实上来看也是很有必要的。"（伯希和《大唐西域记》英译本译注）

大佛被炸毁后，考古人员采集了很多覆盖于大佛岩刻本体之上的泥土碎片，分析显示，其中混有大量将土粒紧紧黏合的麻刀[3]。麻刀中一般会掺入切碎的稻草、动物的毛发，有时还有植物纤维等材料。人们从覆盖于巴米扬大佛周身的泥土中发现了用来做麻刀的麦秆、马毛和羊毛等成分。从摩崖上开凿的佛堂石壁以及安放于佛堂中的佛像都是塑像这一点，我们就能看出玄奘笔下的"宿麦"和"羊马"

对建造寺庙或佛像来说是必不可少的原料。

从大佛僧衣形状的泥土中采集到的麦粒，被考古学者确认为"小麦"。虽说"小麦"的品种尚未确定，但还是让人惊叹于玄奘眼光之锐利。

如何考证涅槃伽蓝的位置

伯希和的译注中，有一条至今仍值得关注，那便是玄奘笔下的涅槃卧佛像所在伽蓝的位置。"儒莲和比尔都参考了明朝本，其中写到伽蓝位于城东'十二三里'，而在《大唐大慈恩寺三藏法师传》中，不知是古本原文写错，还是后世编错，遗漏了城东'二三（或十二三）里'的描写。但是，不知为何，瓦特斯却极力主张，正确的读法应该是城东'二三里'。即便宋朝本已写为'十二三里'，很多进行精准解读的朝鲜语版却译为'二三里'，并且认为这种读法更为久远的见解可从所有版本均沿袭《释迦方志》所载的'城东三里'中得出。京都大学于1911年发表的《大唐西域记（京都帝国大学文科大学丛书·第一）》校订本所参考的古本，也全都采用'二三里'的说法。"

最早对巴米扬进行考古研究的傅舍，并未在当地找到与玄奘记录相吻合的地点。困惑之余，他提出不应仅从字面上理解玄奘笔下的"城东二三里"，而是应该按照宋朝本读作"十二三里"，再结合当地的实际考察，将"城东"替换成"城西"。"当然，如此一来，就必须订正原著，而对此，想必众多语言学家都不会同意，但是既然实地情况就是如此，也只能尊重事实。"（《佛教美术研究》）傅舍所说的"当地"，指位于巴米扬西面、传说中被称为"阿吉达哈尔"的巨大岩棱。岩棱正好长 300 米，与玄奘记录的"长千余尺"相吻合，但并非玄奘所说的在"伽蓝中"。尽管如此，"实际上从远处眺望这座岩棱，我们也愿意相信这是佛陀涅槃像。"傅舍如是说。大自然鬼斧神工造就的岩石景致，吸引了众多慕名而来的参拜者，并衍生出各种各样的传说，这种事例自古以来不胜枚举。不过，因为伯希和详细注释的地位，傅舍也透露"城东二三里"的说法无法被全盘否定。

涅槃大卧佛像到底位于何处？想必目前（2010 年）正在巴米扬地区开展调研活动的法国及日本考古学家，很快就会从现场给我们发来好消息。

3. 破坏与复原

悲剧过后

塔利班宣布要炸毁大佛时，以联合国教科文组织为主的相关人士，尝试了一切方法极力劝说。尽管双方曾一度达成协议，塔利班最终仍于 2001 年 3 月 12 日用大量炸药炸毁了大佛。就这样，大佛在虚无渺茫的协议下瞬间坍塌。

大佛被毁之后不到一年，集全球之力的复原工作迅速展开。

2002 年 5 月，联合国教科文组织和阿富汗信息文化部在喀布尔共同举办了"阿富汗文化遗产复兴国际研讨会"。在本次研讨会上，日本政府向联合国教科文组织表示，将以日本信托基金的名义捐款支持巴米扬文化遗产的保护、修复相关工作。

从 2003 年开始，巴米扬遗迹的保护、修复工作，在日本信托基金的支持下，由日本、德国、意大利三国与阿富汗通力协作，持续进行着。日本负责石窟壁画的维护、修复，德国负责修复已经破碎的东、西大佛，而意大利则负责大佛佛龛的加固工作。在战火未休的艰苦条件下，复原工作仍有条不紊地进行，最终取得了巨大成果。各种各样的新发现相继问世，虽说大佛已经不复存在，但巴米扬的佛教遗迹至今仍万众瞩目，地位无可撼动。

由残片可知的信息

在考古人员清扫石窟内部的时候，令人意想不到的事情发生了：他们竟然在土中发现了几页佛经残片。法国考古调查团在发掘摩崖前方一个被掩埋的小型石窟（G 洞）时，也发现了梵语手抄本，之后又发现了佛经残片。在巴米扬佛堂中供人诵读、学习的佛经的发现，能够进一步印证玄奘记载的巴米扬佛教（小乘说出世部）的真实情况。

法国考古队于 1932 年在巴米扬发掘出的桦皮佛经手抄本残片，已由西勒万·列维进行了解读。在列维看来，巴米扬佛堂中出土的手抄本所使用的文字大部分是婆罗米文，除此之外，还有 3—4 世纪的贵霜文（贵霜王朝所用文字）、7—8 世纪后期的古普塔文（古普塔王朝所用文字），以及西域北道的龟兹文和南道的于阗文。列维对此表示："因此，石窟中的佛经，应该是从各地收集而来的手抄本，或是由来自各国的写经生抄写的版本。出土的佛经残片以及风化的残块，都不晚于8世纪。"佛堂中央安放着一座小型佛塔，四周的墙上绘有涅槃图，此佛堂估计完工于玄奘访问巴米扬前后。虽然已经明确大部分经书残片是论典（教理）、阿毗达摩（论著）的相关内容，但即使是列维这位语言学家也难以确定出自哪部经书、哪部论典。列维认为，发现这些应属6世纪或7世纪的经书残片的意义在于，残片将大众部的"律"（分离自玄奘笔下所记的"小乘说出世部"）的片段带到了世人面前。其他引人注目的发现还包括迄今为止仅有汉译本的《集异门足论》的片段。《集异门足论》是说一切有部最重要的论书之一，此次可明确判定这部论书的残片已重见天日。玄奘晚年将这部论书翻译成《阿毗达摩集异门足论》。我仿佛看到了玄奘跟巴米扬学僧阿梨那驮娑、阿梨耶斯那讨论教义内容时的情景。

斯柯延藏品

这里我不能不提及近年的热门话题，即巴米扬在内战中流失的"斯柯延藏品"。这些藏品因被挪威富豪、手抄本收藏家马丁·斯柯延收藏而得名，可是我们仍不能认定这些佛教手抄本（多达上万件）的出土地不是巴米扬。这些手抄本的解读整理工作还在进行中，并且已经以"斯柯延藏品佛教手抄本"为题，出版到了第三卷。在第一卷的序言里，奥斯陆大学的詹斯·布拉维格教授讲述了藏品入手的经过，从中可以得知，这些手抄本由被塔利班政权驱逐的难民在巴米扬石窟里发现。发现的经过掺杂了倒卖古董的商人捏造的说辞，真相也因此变得越发扑朔迷离。

据参与"斯柯延藏品"佛教手抄本解读工作的松田和信所说

（《现身于巴米扬峡谷的佛教手抄本诸像》，出自《佛教大学综合研究所报》），手抄本的用纸采用了贝叶（棕榈叶）、桦树皮和动物皮，文字则使用了佉卢文[4]、贵霜文、古普塔文、吉尔吉特·巴米扬文等，时间约为2—7世纪。很多佛经都已被辨明，其中"还发现了诸如用佉卢文写于贝叶上的犍陀罗语《大般涅槃经》（2世纪），或者用贵霜文写于贝叶上的《八千颂般若经》（2—3世纪）断简等意想不到的文献"。在最新发掘的手抄本中，还发现了"成书于7—8世纪，用吉尔吉特·巴米扬文抄写的《摩诃僧祇律》桦树皮手抄本的断简"。

前文提到的石窟（G洞）中发现的片段还包含《摩诃僧祇律》，它是小乘大众部的重要律典之一，也是印证玄奘笔下巴米扬部派之间关系的重要依据。相传法显在中印度巴特那附近的阿育王塔天王精舍中发现了这部律典，并将自己的手抄本带回了中原，后与佛陀跋陀罗合译成书（416—418年）。因而，玄奘停留在巴米扬期间，自然也听说过这部律典，并且亲眼见到过。

重见天日的遗物

2006年，考古人员从佛龛中搬出已被炸成碎块的东大佛残像时，发掘出一枚用布包着的花朵模样的圆形金属板和佛经片段，以及被判定为佛陀骨身的泥丸和菩提树叶。从出土场所和状况来看，这些佛经片段应该是过去暗藏于大佛僧衣中的部分经文，即所谓的"胎内经"。当年玄奘立于佛像脚下顶礼膜拜，并特地记录为释迦佛的东大佛，其僧衣内被涂料封藏了经文和骨身，即"两种舍利"，历经了数百上千年岁月；而写于桦树皮上的梵语经文，据说就是玄奘后来翻译的《缘起经》的开篇。这一事实不仅震撼世人,还让人不得不为大佛与玄奘的渊源之深而感动。除此之外,在大佛右肘尖还发现了埋藏于此的三色布袋。袋子的泥封完好,里边包着的应该是香木或菩提树叶。此时此刻,我似乎感知到了参与建造大佛的佛师、工人们祷告时那种庄严的意境。

壁画的研究也有进展。2003年之后,我们可以从已经毁坏的壁画碎片中提取微小的试料,来进行颜料的化学和光学分析,此前一直不明了的上色构造逐渐清晰。结果证实,巴米扬壁画并未使用湿壁画法,而使用了干壁画法(谷口阳子《关于巴米扬佛教壁画色彩技术的研究》)。干壁画法是指"在干透的石壁上,以干性油脂、蛋清、植物性多糖类、树脂等有机质为媒介,与颜料混合作画的方法"。这种方法虽说也属于广义的胶画技法范畴,不过,若将其限定为以胶画技法为媒介、只用蛋清作画的技法,也可区别开来。壁画的基底(即壁画的支持层)也跟湿壁画法和干壁画法的选择密切相关。采用湿壁画法时,是以石灰为基底;而采用干壁画法的时候,则大多是以揉进石灰等材料的黏土为基底。从对哈达遗址(见第六章)出土的壁画残片的最新分析结果来看,其中一幅壁画采用的是"以石灰为支持层的湿壁画法",而另一幅"因确定彩色层中含有黏着材料,可知是以干壁画法绘出"(皮埃尔·尚邦《哈达佛塔再考》)。哈达真称得上是西方壁画技法与东方壁画技法的碰撞之地。玄奘访问时,尽管绘有这些壁画的佛塔、僧院均已荒废,但哈达本身也能让人敏锐地捕捉到东西方文化潜移默化的交融。

技法是工匠的语言

最终，有报告公布了一项意外的发现。名古屋大学考古队于1964年发现了一座小型石窟，通过对石窟壁画的分析，他们判定该壁画运用的是油画技法。该石窟大概始建于7世纪，这就意味着玄奘当年到访时，已经有可娴熟运用油画技法的佛画画师活跃于巴米扬地区。壁画使用"芥菜籽或胡桃的干性油作为黏着剂"，这两种原料都能在当地买到。画师们并没有采用特殊的颜料，而是尽最大可能就地取材，想必已经能将流行的绘画技巧运用自如，适应不同的材料。油画技法在7世纪的巴米扬地区得到运用这事一经确认，便在欧洲掀起了轩然大波，而这也在意料之中。然而，这一事实不能说明油画技法起源于巴米扬，只能说明巴米扬地区早在7世纪便形成了良好的经济文化环境，大量引进了各类人才，诸如掌握油画技法的画师，让他们在竞争中创作佛画。

东、西两座大佛制作方法上的差异也还没有完全明确。我们至少已确定两尊佛像的衣襞采用了不同的制作方法。前文提到过，玄奘误认为东大佛（释迦佛）是"分身别铸"而成的佛像，可是，当时的上色技艺已经达到如此巧妙的地步了吗？从20世纪初的一幅照片（下页图）可以看出：佛像腰部的僧衣有拼接痕迹。这是因为横跨佛像腰部的岩层不同，漆面看上去出现了断裂。佛像的佛身部分采用近似于圆雕的方法雕刻而成，粗加工的岩石上小孔遍布，其上镶嵌着碎石，以这些碎石为基底，又涂上了一层混入碎稻草、马毛或羊毛等材料的黏土以修整表面，最后再用石膏精细修饰。考察队还在被炸毁后完全裸露的地面石壁上，发现了工人们用双手涂抹所留下的指印，打造佛像时干劲十足的场景如在眼前。最后给佛像上色是画师的工作。目前已经检测出的颜料有红色、青色和黄色。青色自不必说，原料肯定是青金石，但是没有发现能够散发出金属光泽的物质。由于观察到了二次涂抹的痕迹，人们无法排除佛像在后期被重新涂抹的可能性。东大佛被称为"赤像"，应该就是由于最后一层所涂的颜料。

20世纪初的东大佛

玄奘看见了什么？

玄奘并未记录西大佛的名字，不过，从佛龛内描绘的净土世界来看，西大佛大概是弥勒菩萨为"普度众生"而下生的形象。这尊佛像的制作方法虽与东大佛相同，僧衣、表情却不同，衣襞极其流畅华美。岩石表面凿有小孔，小孔中插着木销，木销与木销之间用绳子连接，上边涂了厚厚的一层黏土，衣襞便勾勒出来了。黏土中混有细沙，几乎没有掺进动植物材料。绳子不是稻草绳，而是以高山植物纤维制成。打造西大佛的工人所使用的技法，跟东大佛的大不相同，而且更进一步。从大佛表面所涂的颜料中检测出了黄色、白色和红色（红赫石）颜料。那么，玄奘记录的"金色晃曜"（金色的光辉）去了哪里？

或许，有的时代不再以金色来象征佛陀的永生不灭，而是改用青色或红色来替代。仅凭从僧衣表面的颜料中检测出的色彩，我们无法断定玄奘当时的认知出现了错误，因为石窟中明显带有金色的部分有被人为剥离、削掉的痕迹。

今天，即便我们站在同样的地平线上，也已经无法领会玄奘当日举目远眺、虔诚祈祷的风景。然而，失去的空虚被"分析和保存"填补，隐藏于玄奘文字背后那神秘的静谧、摇曳的灯光、不绝于耳的诵经声等所有不可见之物，只能如香草一般，散发着缕缕清香，为我们留下能够感知的线索。

在巴米扬溪谷闲庭信步的玄奘，即将整理行囊，踏上后面的旅途。

* * * * * *

没有尽头的道路

1. 与伽蓝毗邻的迦毕试国

从巴米扬起程

作别整日一心观佛的充实日子，继续赶路的这天终于来临，玄奘再次在慧性的引导下，穿过东流而去的巴米扬河沿线的山谷地带。据《大唐西域记》记载，玄奘接下来向"卧像伽蓝东南行"，由此可知，他以"卧像伽蓝"为起点开拔。当时，玄奘或许借宿于"卧像伽蓝"的僧房。不过，如果将这里的"卧像伽蓝"理解为近期在东大佛东面发现的一座安置了"北首西面"涅槃像的东僧院，而并非容纳了那尊巨大卧像的伽蓝，就非常合理了。因为，这样便可以说明玄奘从位于巴米扬摩崖东端的伽蓝出发。

"东南行二百余里"，翻越大雪山，再向东行，便"至小川泽"，此地"泉池澄镜，林树青葱"。玄奘沿着巴米扬河左岸从巴米扬前来，因此这里所说的大雪山不知所指何处。但是，如果他在晚秋到初冬时节出行，海拔3000米的希巴尔山覆盖着积雪，所以即使玄奘将这座如墙壁般矗立于兴都库什山脉主峰与巴巴山脉交会处的山峰当作大雪山，也无可厚非。东流的巴米扬河在遥远的下游改流向北，朝着藏于兴都库什山脉深处的昆都土活国的方向奔流而去。

保存遗物的僧伽蓝

翻过大雪山，便是一片山清水秀之地，一座僧伽蓝矗立于此。慧性跟玄奘当年或许正是借宿于此，在寺中僧人的引导下，膜拜了保存于伽蓝佛堂内的镇寺之宝。所谓的镇寺之宝，即渊源颇深的

"佛齿""铁钵"和"佛衣"。除佛齿之外，还有相传是过去佛以及金轮王的牙齿，这三位圣贤的遗物都被封存于金制容器中。铁钵据说是佛陀十大弟子之一阿难的弟子商诺迦缚娑之物。另外，还有一件赤褐色的大衣（九条的僧伽梨），据说也是商诺迦缚娑之物。之所以会选择赤褐色，是因为法衣的颜色必须避开赤、青、黄、白、黑五种正色，而使用杂色。"袈裟"在梵文里本就是"赤褐色"的意思。玄奘一边倾听着僧衣由来的讲述，一边仔细端详，不经意间发现这件僧衣有些许破损。相传释迦牟尼遗法一旦用尽，这件僧衣也会变得破败腐朽，而这些细微的破损，无疑为这个传说增添了几分真实性。玄奘一行恭敬膜拜之后，便安静地离开了佛堂。

　　这座僧伽蓝若是位于希巴尔山东面，则必定处于流向迦毕试国的果尔本得河支流的河谷地带，这与今日被称为丰杜基斯坦的佛寺遗址似乎也吻合。法国考古队发掘出的带塔堂伽蓝遗构，经测定建于7世纪末—8世纪，但玄奘一行到访时也极有可能已经出现以膜拜圣贤遗物为中心的僧伽蓝。当时，傅舍尚不知法国考古队的让·卡尔于1937年对丰杜基斯坦进行了发掘，才以为在巴米扬和对应迦毕试国入口的今恰里卡尔之间"不存在寺庙等遗迹"，因为向东越过希巴尔山后，直至通往迦毕试国，道路"大部分紧贴陡崖峭壁，蜿蜒而狭长"。玄奘一行沿路应该没有什么收获，行程极其单调。但是，行程单调，也不代表它是一片坦途。另外，他们穿过丰杜基斯坦谷地之后，想必没有回到原来的路，而是选择了一条捷径，即游牧民常走的横穿巴格曼山系的小路。

铺开于眼前的沃野

　　离开僧伽蓝后，玄奘一行遭遇暴雪，不幸迷路。好在他们碰巧遇上当地猎人，几经波折，终于找到了出路。翻越皑皑雪山，走过低矮无雪的黑岭，他们一鼓作气穿过峡谷，继续朝平原地区行进。这时，"秀丽群峰环绕，沃野千里""北背雪山，三陲黑岭"的迦毕试国突然映入眼帘。玄奘并未在书中留下关于流经迦毕试国河流的只言片语，但是，在都城北侧，发源于遥远北方雪山的潘杰希尔河与玄奘一行来时顺流直到中途的戈尔班德河在此交汇，并以此为起点朝印度河方向东流而去。此地曾是亚历山大大帝远征东方的营地，大夏国也曾在此建都，另外它还是贵霜王朝夏都的所在地。这里应该就是今日我们称为贝格拉姆的地方。

流经都城北侧的潘杰希尔河

大都城"周十余里",虽说规模不是很大,但是玄奘到达时,该国还处在繁盛时期。至于当时该国都城是在贝格拉姆还是附近的其他城市,目前考古学界还没有定论。国王为"刹利种",如此我们便可知国王是印度四大种姓排行第二的"刹帝利"(简称刹利,即武士阶级)出身。然而,在敦煌本等古籍中,"刹帝利"却被记为"窣利",若是该国当时受西突厥势力的控制,那么将国王记为"窣利种"也在情理当中。除此之外,根据玄奘记载,"异方奇货,多聚此国",由此可以推测,国王必定擅长管理贸易往来,从这一角度来看,"窣利种"的说法更合乎情理。

迦毕试的文物

迦毕试国物产丰富,有谷麦、果木、良驹以及郁金香等物种。据《玄应音义》(第十三卷)记载:"郁金,此是树名,出罽宾国,其花黄色。取花安置一处,待烂,压取汁,以物和之为香。花粕犹有香气,亦用为香也。"人们虽以讹传讹地将郁金香当成"树",但它实际上指的是菖蒲科的藏红花。在《翻译名义集》(卷八)中,它被记为"郁金草",是一种"远方所贡芳物",人们将其酿制成香,"以降神也,宗庙用之"。玄奘在《大唐西域记》(卷二)中也记载,印度人常以旃檀、郁金为香料,并涂于身体。玄奘后来去膜拜了郁金香塔,那是一座位于佛祖成佛的菩提树附近,周身涂满郁金香泥的佛塔。

迦毕试国的文字与睹货逻国的文字几乎相同,但口语却大相径庭。通用货币除了金币、银币之外,还有铜钱。但是,货币的大小和图案却五花八门，有别于各邻国的货币。迦毕试作为从北方和西方通往印度的干道枢纽，贸易繁荣，是各种交易的中心地带，或许正因如此，当地使用的货币才呈现多样性。经济实力充裕、对佛教怀有崇高敬意的国王，"岁造丈八尺银佛像"，一次不落地举办无遮大会，将收集到的布施发放给贫民。修造佛像与开设法会，都与迦毕试国的政治经济政策密不可分。

质子所在的寺庙

玄奘一行来到都城附近，看到国王率领群臣出城迎接，僧人紧随其后，慧性终于安下心来。离开缚喝国后，他们翻越困难重重的大雪山，在巴米扬日日观佛，还曾在雪山中迷路，走过黑岭，跋山涉水，如今总算将玄奘平安护送至迦毕试国。

迦毕试国有伽蓝百余所，僧徒六千余人，规模是巴米扬的好几倍。在缚喝国和巴米扬，僧侣遍习小乘佛教；而在这里，大部分僧侣都学习大乘佛教。此处的佛塔和僧伽蓝都很高，规模也宏伟壮观，放眼望去均为无瑕的白色，令玄奘惊讶不已。出城前来相迎的众僧竞相邀请："请在我寺留宿。"此时，正好有一位名为沙落迦的小乘寺庙的僧人说："我寺修建于汉朝天子的王子作为质子（人质）被送至此地之时。法师与质子来自同一个国家，请务必来我寺留宿。"听完沙落迦的解释，玄奘深感缘分匪浅，加之他推测陪同他一路走来的慧性是小乘僧人，必不愿留宿于大乘寺庙，便决定在该寺庙借宿。据《大唐西域记》记载，质子为"河西蕃维"（外国人）。再者，若此"蕃维"指的是《后汉书》（《疏勒国传》）所说的疏勒（喀什）王义父臣盘（桑山正进《迦毕试—犍陀罗史研究》，1990年），那么，玄奘对质子伽蓝的由来表现出特别的兴趣，也可以理解。

质子伽蓝位于都城"东三四里，北山下"，规模很大。伽蓝中约有300名僧徒，学习小乘法教。玄奘一如往常地问起该伽蓝的历史渊源，这时，大家为他讲述了一个古老的传说："昔健驮逻国迦腻色伽王，威被邻国，化洽远方，治兵广地，至葱岭东，河西蕃维，畏威送质。迦腻色伽王既得质子，特加礼命，寒暑改馆，冬居印度诸国，夏还迦毕试国，春、秋止健驮逻国。故质子三时住处，各建伽蓝。今此伽蓝，即夏居之所健也。故诸屋壁，图画质子……"这也是玄奘首次在书中提到壁画。玄奘静静凝视着质子的画像，发现传言所言非虚，质子的确"容貌服饰，颇同中夏"，便坦然接受了传说。虽然距离迦腻色伽时代已过去五百年，但若是保存得足够细心，画像色彩依旧会很鲜艳。

大神王像脚下的宝物

伽蓝众僧让画师画下了质子的容颜，因为建造伽蓝时，质子在伽蓝东门以南的大神王像右脚下埋下了无量珍宝，并告诉众僧，如果伽蓝有朝一日破损，可用这些珍宝换作修补费用。

后来，质子回到了祖国。归国之后，他们仍然对自己之前居住的佛堂伽蓝念念不忘，从不怠慢供养。因此，僧徒们至今仍将质子们的故事口口相传，每逢入安居日（一定时期内禁止外出，众僧集聚一处专心修行）和解安居日（安居结束），便举办法会为质子祈福，"相继不绝，以至于今"。

关于大神王像，还有后话。据说有一位贪婪的君王，听闻此处埋有大量宝藏，便率兵前来，将寺中僧人驱赶出去，想要挖出埋于大神王像脚下的财宝占为己有。就在这时，不可思议的事情发生了：镶嵌在神王冠冕上的鹦鹉像，突然挥动翅膀，惊叫起来。大地伴随着鹦鹉翅膀的挥动不断摇晃，国王和士兵惊愕万分，僵卧于地，久久不能起身。之后，他们好不容易才回过神来，为自己的行径忏悔后才离去。这个故事跟在巴尔赫的纳缚僧伽蓝听到的毗沙门天出现在突厥可汗睡梦里的故事极为相近，因此，这里的"大神王"或许就是毗沙门天。然而，神像冠冕上多镶嵌雕、游隼之类的猛禽，这里镶嵌鹦鹉该如何解释？我们能否将这里的"鹦鹉"看作巨大翅膀的象征？能否认为它与凤凰或波斯的守护鸟"白雄鸡"毫无瓜葛？

玄奘镇灵

这座伽蓝中也建有佛塔。据《大唐大慈恩寺三藏法师传》记载，众僧告诉玄奘，此前置于塔顶上的塔刹损坏时，众僧准备挖出藏于大神王像脚下的珍宝作为修缮费用，可是当时又发生了地震。玄奘一听，就随寺僧前往神所焚香，向已经逝世的施主（即质子）之灵位虔诚祷告："质子原藏此宝拟营功德。今开施用诚是其时，愿鉴无妄之心，少戢威严之德。如蒙许者奘自观开，称知斤数以付所司。如法修造不令虚费，唯神之灵愿垂体察。"祷告完毕，玄奘让人挖掘宝藏，这次没有遇到任何阻碍。掘了大约八尺深，出现了一尊大型铜器。当中藏有"黄金数百斤,明珠数十颗",众人见状皆大欢喜,无不被玄奘的威德所折服。

迦叶三兄弟的皈依

《大唐西域记》记载的故事梗概与此大致相同,但挖出宝藏的场所位于寺外,是在寺庙附近的北山上方,为质子坐禅而开辟的石窟。这个石窟果然收纳了许多杂宝,旁边刻有铭文"药叉[1]守卫"。一旦有人想攫取这些宝物,药叉便会立刻变换异形,或变作蟒蛇,或变作猛兽、毒虫,据说表情皆盛怒难当,因此无人敢造次。伯希和说,假设质子伽蓝位于如今人称"科·伊·帕拉班"(意为英雄山)的北麓,那么法国考古队员默涅于1937年在此山北侧发掘出的绍托拉克佛教遗迹,必定是质子伽蓝无疑。"绍托拉克"是小骆驼的意思,据说是因为从山脚流过的河流高低起伏,宛如正在渡河的骆驼而得名。这座建在风景秀丽之地的伽蓝还配备大概两层的华丽僧房,曾在此寺中坐夏的玄奘应该在其中某个房间里生活过。伽蓝中还有雕刻在片岩上的庄严的定光佛(燃灯佛)和描绘迦叶三兄弟皈依场面的浮雕(4—5世纪),玄奘肯定亲眼见过这些作品。迦叶三兄弟的皈依浮雕描绘了一幅颇具戏剧性的画面:在摩揭陀国深受民众尊敬的拜火婆罗门迦叶三兄弟皈依释迦佛,成为其弟子。因缘巧合下,这个浮雕被人带离战火纷飞的阿富汗,成为"文物难民",现收藏于日本。

"迦叶三兄弟的皈依"浮雕

造访曷逻怙罗僧伽蓝

玄奘当年在迦毕试到底滞留了多久尚不明确，不过应该与在缚喝国滞留的时间大致相当，都是一个月左右。他在此地的巡礼路线是从都城周边起，到大雪山山顶止。

在前面提到的质子坐禅所居石室以西二三里，有一座大山岭，山顶上刻有一尊观自在菩萨像，大概是彩绘石像。玄奘并非鲍萨尼亚斯（罗马时代的希腊人）那种热衷于古代美术的旅行家，因此，他最终没有留下如《希腊道里志》那样详尽地记录了绘画、雕刻情况的游记。但是，他的观察重点明确，叙述精准，最难能可贵的是，他对传说、起源的收集比当今野外调查人员所做的实地调查记录更详尽。玄奘兼具宏观展望和微观省察的特质，这既是向世界敞开怀抱的大唐时代的眼光，也是他天生的资质。1925年，法国考古队的巴尔松便在此发掘出了卡拉恰遗址。

在都城东南三十余里，有一座曷逻怙罗僧伽蓝，旁边矗立着一座高百余尺的佛塔。据说该佛塔由迦毕试一个名为曷逻怙罗的大臣所建，相传该塔伏钵上部会有黑色香油流出。据说大臣梦见有人让他去求国王将别人预备进献的舍利赏赐给自己，大臣照办了，但仍担心国王改变心意，便抢先拿到舍利，安放在自己所建佛塔的内室。就在他准备匆忙离开时，伏钵关闭，他的衣襟被夹在了石缝中，接着便有黑色香油流出。信仰笃定的大臣与最高权力者国王围绕舍利展开的这场争夺战，带有些许幽默色彩和神话色彩，这样的建塔传说也颇为有趣。当时盛行建造佛塔，其中安置了什么样的舍利，估计也在在家信者间掀起了互相攀比之风。在迦毕试流行的舍利信仰，可从玄奘即将膜拜的遗迹中窥得一二。

对于曷逻怙罗僧伽蓝所处的位置，傅舍认为其"位于贝格拉姆东南10千米，古尔班德河左岸的一座卡菲尔卡拉（异教徒的堡垒）附近"。他还指出，在那里发现的建筑物遗构很可能就是伽蓝遗址。

都城"南四十余里"，就是霤蔽多伐剌祠城。玄奘对此的记述仅寥寥几语："凡地大震，山崖崩坠，周此城界，无所动摇。"在比尔之后，于1904—1905年将《大唐西域记》译成英文的托马斯·瓦特斯，将"祠城"解释为"有寺之城""有霤蔽多伐剌寺之城（镇）"。关于此城，傅舍说它"位于贝格拉姆以南约12千米处，散落在达达兰萨的达什特（盐漠[2]）"中。但是，最近出现了这样一种见解，认为1924年由法国考古队的朱布·杜布罗伊主持发掘的派特瓦遗迹才是霤蔽多伐剌祠城。在贝格拉姆以南7千米、恰里卡尔的东南方10千米处有一座土丘，这座被一片葡萄园紧紧环绕的土丘便是派特瓦遗迹。从该遗迹中出土的两尊"舍卫城大神变像"颇负盛名。"大神变像"刻画的是释迦佛昔日在拘萨罗国[3]都城舍卫城中施展

"身上出火，身下出水"的神通，展现无边法力的场面。这一神变强有力地传达了佛教的威力。"大神变像"可以称得上是阿富汗佛教雕刻的杰作。这两尊神像，其中一尊保存在巴黎的吉美艺术博物馆，而另外一尊则在1914年被阿马努拉国王带至柏林，现收藏于柏林的印度美术博物馆。

吉美博物馆收藏的阿富汗佛像（大神变像）

镇压龙王的迦腻色伽王

从雷蔽多伐剌祠城继续向南行走大约三十里，便到达阿路猱山，此山与穄那天神渊源深厚。白鸟库吉引用瓦特斯的解释如下："此神若是与曙光之神有关，那么他本就是太阳神。"（《西域史研究·罽宾国考》）这不禁让人想起出土了苏利耶大理石神像的凯尔凯纳遗址。

都城"西北二百余里"，便是大雪山，山顶有水池，据说人们会在此祈求降雨。玄奘在书中还记下了前人讲述的一个传说：

很久很久以前，这里住着一位来自犍陀罗国的阿罗汉（佛教的圣贤），时常接受该池龙王的供养。每天一到午饭时间，阿罗汉便施展神通，凌虚前往龙宫。有一天，侍奉阿罗汉的小沙弥悄悄躲在大师所坐的绳床边，来到了龙宫。龙王发现之后，也允许小沙弥在龙宫进食。吃完饭之后，清洗食具的小沙弥发现阿罗汉的食具上沾有残留的饭粒，便吃了下去。饭粒一入口，小沙弥就对它的香味惊讶不已。这是因为龙王将"天甘露"呈给阿罗汉，而请小沙弥吃"人间味"。小沙弥对龙王的区别对待愤懑不平，便祈求让自己取代龙王。即使阿罗汉告诫，小沙弥仍然怒气未消。后来小沙弥自杀，成为大龙王，杀死龙王，占据龙宫，打算一如前世祈愿，掀起狂风暴雨，推倒树木，毁坏寺庙。

从阿罗汉那里了解到事情缘由后，迦腻色伽王试图镇压龙王的怒气，就在雪山脚下建造伽蓝，还修建了一座一百多尺高的宝塔。不过，由于大龙王宿怨很深，此后仍呼风唤雨，破坏伽蓝。即便如此，迦腻色伽王依然心怀普度之心，七次重修受损的僧伽蓝和佛塔，但大龙王毫无收手之意。为了根绝他带来的灾害，迦腻色伽王认为除了填平龙池之外别无他法，于是便兴兵讨伐，亲自乘坐大象来到雪山脚下。感到震惊的大龙王化为一位老婆罗门，出现在迦腻色伽王面前，试图劝王收兵，但遭到了拒绝。大龙王遂卷起暴风，云雾四合，天色黑沉。迦腻色伽王的兵马惊慌得呆立不动。见此，迦腻色伽王立即请佛加护，"愿诸福力，于今现前"。

他的愿望旋即实现。迦腻色伽王两肩立刻升起巨大的"烟焰"，大龙王退下，狂风止歇，雾散云开。确信已经打败大龙王后，迦腻色伽王命令士兵填平水池。此时，大龙王再次幻化成老婆罗门出现在迦腻色伽王面前，表明自己不会再为非作歹，也不会再起害人之心，但求不要填平水池。迦腻色伽王赦免了他，并对损毁的伽蓝加以修缮，还重建了佛塔。据前人所言，塔里有如来的"骨肉舍利"，数量约有一升多，有时似乎还会显现神奇的瑞相。

　　傅舍认为，这座佛塔位于以陶瓷闻名的伊斯塔里夫村以北、贝格拉姆以西，也就是今天被称为"托普达拉大塔"的这座壮观佛塔。该佛塔的位置与玄奘笔下的"王城西北二百余里"稍有不同，但此塔据传为迦腻色伽王所建，从这一点来说倒是十分相符，傅舍对这一推断自信满满。该地区出土过许多尊肩部喷火的佛像，或许也跟焰肩国王的传说有关。

阿富汗出土的焰肩佛坐像（2—3世纪）

玄奘眼中的"旧王伽蓝"

　　重新将视线转至王城附近，就能看到从王城西北流经此地的大河右岸（王城南岸）有一座"旧王伽蓝"。伽蓝中收藏了释迦菩萨幼年脱落的"龀齿"。从此座伽蓝再往东南，"有一伽蓝，亦名旧王"，其中收藏了"如来顶骨"。这片顶骨宽约一寸，呈黄白色，毛孔清晰可见。伽蓝中还收藏了"如来发"。玄奘对头发的描述极为详细："发色青绀，螺旋右萦，引长尺馀，卷可半寸"，或许他曾亲眼见到。"青绀"应该就是群青色。阿富汗出土的塑造佛像、菩萨像的头发多为群青色，用的颜料几乎都是青金石。

据傅舍所说，"旧王伽蓝"有一片用名为"布吉·阿卜杜拉"的晒制瓦片围起来的区域，那里正是"旧都城"遗址。关于另一座旧王伽蓝，在玄奘访问的三十年后，玄照法师也去拜访了。与玄奘一样，玄照也是穿过铁门，出吐火罗斯坦（睹货逻国），经由缚渴罗（缚喝），访问了玄奘借宿过的纳婆毗诃罗（即纳缚僧伽蓝，意为"新寺"），也膜拜了"如来澡罐"，之后到达迦毕试。记录玄照生平的《大唐西域求法高僧传》并未详述法师从缚喝国至迦毕试的路程，只用了"渐至"一词带过，但可隐约感受到这段路程绝非坦荡无虞。玄照应该没有经过巴米扬，书中只记了他在迦毕试膜拜了收藏于另一座旧王伽蓝中的"如来顶骨"，并进献香华。由此可见，如来顶骨在当时受到的关注相当高。

《大唐西域求法高僧传》的后文写到，玄照去那烂陀寺与义净相见，打算再次穿过迦毕试回到中国。但是不料想，当时的迦毕试深受"多氏"（大食，即阿拉伯人）围攻，经由迦毕试北上之路被阻断了。据说玄照无奈之下，只能返回印度，最后也没能回到祖国，病逝于中印度。玄照与王玄策和义净都有交集，若他能回国，留下对那个动荡世界的印象就好了。

佛舍利的意义

在收藏如来顶骨伽蓝的西南方向，有一座"旧王妃伽蓝"。伽蓝中有一座"高百尺余"的佛塔，记作"金铜窣堵波"，可能指塔的伏钵部分覆盖有金铜箔，或是指伞盖、相轮[4]部分由金铜制成。在这座佛塔中，据说收藏了"佛舍利升余"。

都城西南方有山，名曰"比罗娑洛山"，相传"山神作象形，故曰象坚也"。山顶有一块大磐石，传说如来曾在此落座，接受山神的供养。因此，阿育王便在这块大磐石上建起了一座宝塔，高一百多尺，如今人们称它为"象坚窣堵波"。据说塔中"有如来舍利，可一升余"。或许正是因为释迦佛从未到过这里，也从未在此地说法，所以便需要更具体、更视觉化、更物质化且饱含佛祖教诲的象征。我认为对佛塔和舍利的信仰，是对圣地憧憬的浓缩和表达。

隋大业十二年（616年），迦毕试国首次向中国派遣使节（《隋书·西域传》）。到了唐贞观十一年（637年），迦毕试国又派遣使节觐见太宗，并献上"舍利名马"（《册府元龟·外臣部·朝贡第三》），可见舍利在迦毕试国的珍贵程度。说起贞观十一年，当时玄奘已经抵达印度，在那烂陀寺跟随戒贤学习，并沿着恒河南岸向东继续自己的旅程。

玄奘在"迦毕试国"的条目里只记录了十几处伽蓝和圣迹。在百余所伽蓝中，他或许只记录了印象深刻的那些。迦毕试国王精通佛教，也期待亲耳倾听佛法的论释，因此，他策划在玄奘和慧性离开前举办法集，并说服二人参加。这场法集在某座大乘寺庙中举行，大乘三藏秫奴若瞿沙（如意声）、说一切有部僧人阿梨耶伐摩（圣胄）、化地部僧人求那跋陀罗（德贤）等迦毕试有名的学僧齐聚一堂，一一向玄奘提问。不过，说到迦毕试的学僧，大乘佛僧只精通大乘佛法，小乘僧人也只钻研小乘佛法，对佛教整体却不甚了解；而玄奘通晓所有佛法教海，因此，无论谁提出的疑问，他都能详细解答，与会众僧无不对他的博学感到钦佩。玄奘走遍大江南北艰苦游学，他掌握的渊博学识最终开花结果。法集持续了整整五天，国王非常满意这场内容充实的法集，赏赐玄奘"纯锦五匹"。玄奘在沙落迦寺的安居也就此告一段落，迎来了离开迦毕试的日子。玄奘在该条目最后还写到迦毕试正在发生的变化："天祠（印度教寺院）数十所，异道千余人。"

此时，慧性法师因受到吐火罗国王的再三邀请，再次返回北方，与玄奘就此分别。二人踏上了各自的旅程。

2. 寻求与佛相似的姿态

前往滥波国

象坚窣堵波北边的山脚下有一处"龙泉"。传说如来经过此地时，接受供养的食物，用餐完毕后就在这里漱口、嚼杨枝。后人被这个传说打动，便在此建起伽蓝，并据此将伽蓝命名为"鞞铎佉"（意为嚼杨枝）。假设象坚窣堵波位于迦毕试国西南边境附近的印度河南岸，玄奘便是沿印度河北岸行进，在印度河与潘杰希尔河交汇处附近向东渡河，前往山谷连绵不断的滥波国。仰首而观，这里峰峦峭拔险峻、巍峨耸立，沿路山上的积雪已经无影无踪。最后翻过黑岭，行"六百余里"后终于看到了滥波国。

傅舍曾亲自骑马重走玄奘走过的这条路线，进行详细调查："这条路从贝格拉姆出发后，朝东南方向走不了多久就能渡过潘杰希尔河，进入二郎峡谷，接着从比较好走的阿拉赛山口通过，穿过广阔的塔噶奥斜坡，最后到达美丽的拉格曼，也就是古代的滥波国。玄奘谨慎地避开了商队行走的新路，选择了这条相对安全的道路。或许亚历山大大帝的军队也走过这条路。"（《佛教美术研究》）

滥波国"周千余里，北背雪山，三垂黑岭"，此国"都城周十余里"，规模与迦毕试国相差无几。当时，该国正受迦毕试国的统治，玄奘选择走拉格曼那条路的原因也在于此。这里气候温暖，"林树"众多，无霜无雪，但令玄奘惊讶的是，果实却结得很少。不过该地区的土壤适合稻谷、甘蔗生长，因此也还算富裕。

傅舍如是写道："因为已经走下伊朗高原，气候迥然不同，冬天温暖，夏天格外炎热。这里棕榈繁茂，还有大片橙林；田间种植稻谷、甘蔗。鹦哥啼鸣，猴子在林间跳跃，所见所闻都与之前大不相同。由此也可以理解，为什么巴布尔（莫卧儿帝国开国皇帝）会称这里为'新世界的入口'。"

穿过"异道"之地

此地有伽蓝"十余所"，僧徒皆学习大乘教诲。僧徒少，但"异道甚多"，天祠数量是伽蓝的几倍之多。这一现象在后来于拉格曼出土的湿婆神像（头部和脚底有缺损）以及石造林伽上都清晰地显现出来。此外，在该地还发现了部分用阿拉米语和印度语雕刻的阿育王法勒，也就是所谓的"滥波国法勒"，这很容易让人联想到该地区过去曾受波斯阿契美尼德王朝和印度孔雀王朝文化的洗礼。

玄奘在此停留了三天，强烈体会到了"异道"的活力，然后取道东南，朝下一个目的地行进。翻越"大岭"，再继续走一段路，便会到达一座低矮的山峰。山峰上建有一座佛塔。传说过去释迦佛祖从南方走来，现身此地，并在此住过。后人听闻这个故事，倍感崇敬依恋，便建起一座佛塔。从佛塔下山，走约"二十余里"，便遇"大河"拦路。这条河便是向东滚滚而去的喀布尔河。冲刷迦毕试王城北岸的潘杰希尔河，在王城附近被喀达曼河从南方注入，后在萨罗比北部与喀布尔河交汇，从此更名为"喀布尔河"，贯穿犍陀罗平原，最后在温德注入印度河。据傅舍记载，亚历山大大帝选择了与玄奘相同的路线，在离开"都城"后，走到如今名为"曼达拉瓦"的村子。此后的路程，亚历山大大帝走的是喀布尔河北岸，而玄奘则选择走南岸，而那也是由深得亚历山大大帝信任的武将赫费斯提翁、佩尔狄卡斯率领的分队行走的路线。

法显也到访过的那揭罗喝国

滥波国与那揭罗喝国相距"百余里"，也就是说，渡过喀布尔河，便是那揭罗喝国，即今贾拉拉巴德。现在的省名"楠格哈尔"，也还保留着古地名的遗风。

那揭罗喝国"山周四境，悬隔危险"。"国大都城周二十余里"，规模比迦毕试的大一倍，同样受迦毕试国统治，由此可知当时迦毕试国的影响远至犍陀罗国、印度河的右岸地区。玄奘记录这里"丰谷稼，多花果，气序温暑"，与之前途经的气候干燥的国家截然不同。当时这里也"崇敬佛法，少信异道"，伽蓝寺庙虽有不少，但"僧徒寡少""诸窣堵波荒芜圮坏"。玄奘将这个没有君王管辖之国的破败模样原封不动地记录下来。天祠有五所，从数量来看，要比滥波国的少。或许玄奘此前已经通过《法显传》对在君王统治下处于强盛时期的那揭罗喝国了解甚多，因而所见景象才令他格外感慨。

从中国前往西域取经的僧人在进入印度之前，几乎一定会在犍陀罗国借宿。专程到犍陀罗国取经的僧人也不在少数。犍陀罗国有迦腻色伽王用以宣传佛教的居城，更是无著、世亲讲授大乘教义的中心。相应地，这里的梵文典籍也多，因此，这里还是有志学习梵文典籍之人的向往之地。令人匪夷所思的是，大多数来到犍陀罗国的中国僧人都不约而同地继续向西，踏上那揭罗喝国的土地。

5世纪初期，法显穿过北方的陀历[5]、乌苌[6]，进入佛钵寺所在的弗楼沙国境内，并从该国出发至那揭罗喝国。而先于法显出发的慧景和道整，就在那揭罗喝国等候他的到来。他们按照自己的行进路线，从那揭罗喝国南部的醯罗（也称哈达，意为"骨"）城开始观礼。玄奘则从喀布尔河附近的一座王城开始向南巡礼膜拜。法显和玄奘访问那揭罗喝国的时间隔了三百多年。

从此北上一由延（古印度里程计量单位）到那揭罗喝国城，是菩萨本以银钱贸五茎华供养定光佛处。

（《法显传》）

城东二里有窣堵波，高三百余尺，无忧王（阿育王）之所建也。编石特起，刻雕奇制，释迦菩萨值然灯佛，敷鹿皮衣，布发掩泥，得受记（过去佛对修行者预言将来必定成佛的预言）处。

（《大唐西域记》卷二）

《大唐大慈恩寺三藏法师传》除了将佛塔的位置记为"大城东南"之外，与玄奘的记录没有太大差异。

无论是法显还是玄奘，都非常了解记载于佛典中的《燃灯佛受记》的特殊含义。正因如此，法显即便明知路途迂回遥远，仍然特地前去膜拜了这座闻名遐迩的圣迹。

迎接燃灯佛的逸事

释迦前世名曰"儒童"，出生于婆罗门家庭，长大后成为一名立志钻研学问的青年（摩纳婆）。一天，他听闻最后的一位过去佛（燃灯佛）即将来莲花城说法，便决定无论如何都要以莲花供养。然而，国王想亲自供养燃灯佛，便将城中所有花贩的花买下来，运到宫中。儒童遍寻全城也没找到鲜花，伤心欲绝，此时突然发现了一座婆罗门府邸，里面有一个少女正在清池边上采莲花。儒童一看，女子捧着的竟是七枝莲花。于是，他便用自己刚获得的悬赏五百钱，请女孩卖花给他。女孩说，要是他愿意和她结为夫妻，就可以卖。

儒童答应了，一拿到这来之不易的五枝莲花，便与手持另外两枝莲花的少女一起，向莲花城门外飞奔而去，等候燃灯佛的到来。国王命令城民将燃灯佛会经过的路面以白布铺满。可是，由于城民拥挤不堪，杂乱无章，城外一处路段仍是土路。儒童见状，迅速脱下身上穿的鹿皮衣，铺于泥土上，但仍有一小部分没被完全遮上。于是，儒童又立即解开头发铺在地上，等候燃灯佛的到来。燃灯佛静静地踏于儒童的头发上，随即驻足，预言他来世会成道（开悟），成为释迦牟尼佛，拯救苍生（堀谦德《解说西域记》）。

这是发生在释迦牟尼前世最后一个具有戏剧性的场面。在展现犍陀罗等地"佛传"的浮雕中，以本生谭（前生故事）为蓝本构思的"佛传"集中描述了释迦佛诞生之前的故事。尽管从诞生前到诞生后经历了漫长的岁月，但这个值得纪念的场所与佛塔一起保留了下来。听站在佛塔旁边的老僧讲完这个故事后，玄奘感动不已，提笔写下"或有斋日，天雨众花，群黎心竞，式修供养"。由此可见，这种盛大的散华供养仪式一直保留了下来。

这座燃灯佛大塔的西侧有一座伽蓝，僧人很少。伽蓝南面有一座小窣堵波，玄奘询问其由来了解到，原来这里才是当初儒童将自己的头发铺于泥土上的地方。据说这座佛塔也是无忧王所建。玄奘笔下的这座伽蓝与小塔，法显并未记录。

法显拜完大塔之后，便去城中膜拜"佛齿"。此处应该也建有佛塔，佛齿便纳于其中。玄奘造访时，佛塔已经消失，"今既无齿，唯余故基"。这处遗迹旁也有一座"高三十余尺……实多灵瑞"的窣堵波。

"佛影窟"的如来

都城"西南十余里"处也有一座佛塔，据说当年"如来自中印度凌虚游化[7]，降迹于此"。该塔东侧不远处还有一座佛塔，传说当初儒童"值燃灯佛于此买花"。

向都城西南走"二十余里"便来到"小石岭",这里有一座大伽蓝,其中有石砌的多层高堂和楼阁,另有一座"高二百余尺"的佛塔。只可惜无论是庭院里还是整座伽蓝里,都没有一个僧人。

大伽蓝的西南方向有一处深涧。崖壁陡峭,水流湍急,瀑布飞流而下,水花四射。悬崖东面的石壁上有个巨大的洞穴,一条狭窄的小路通往入口,洞中伸手不见五指,水滴从岩壁上落下,汇成细流,流向出口。该洞穴据说是瞿波罗龙王的住所。相传这里曾经住着一条为祸人间的巨龙,经如来感化,洗心革面,如来为此留下了自己的佛影。据说,这个佛影"焕若真容,相好(明显特征)具足,俨然如在"。洞穴附近便是著名的"佛影窟",在玄奘预备来此瞻仰之时,还鲜有人寻访这一圣迹。这一带似乎是盗贼出没的危险地带,或许前文那座大伽蓝的冷清,也是拜这种不安全因素所赐。

在法显的年代,此处佛迹或许还比较安全,他没有提到《大唐大慈恩寺三藏法师传》中描述的强盗。法显如此描述佛影窟:"西南向佛留影。此中去十余步观之如佛真形。金色相好光明炳著,转近转微仿佛如有,诸方国王遣工画师摹写莫能及。"

《大唐大慈恩寺三藏法师传》明显将玄奘访问佛影窟的经历故事化了。当玄奘决定即便冒险也要前去佛影窟时,一路上为他指引方向的迦毕试国随从表示不再随他前去。玄奘无奈之下只好返回都城,重新物色向导。玄奘认为:"如来真身之影亿劫难逢,宁有至此不往礼拜?"他的热情感动了众人,最终得到一名知道石窟所在地的老人相助,二人一起出发。此行途中,果然遇到了强盗,但强盗后来被玄奘说服，愿跟随他一同礼佛。众人来到石窟入口处，"窟在石洞东壁，门向西"，石窟内一片幽暗，什么都看不清。老人告诉玄奘："师直入，触东壁讫，却行五十步许。正东而观，影在其处。"玄奘进入石窟，按老人的指示走去，虔诚礼拜，却未见一物。即使反复至诚顶礼百余拜，他仍旧什么都看不到。玄奘自责前世业障深重，又一心反复礼诵诸经，忽然发现东壁上出现钵大小的光影，转瞬即逝。玄奘大喜，更加虔诚地礼拜，这次见到的光影大如槃（盆），旋即再次消失。玄奘"自誓若不见世尊影，终不移此地"，又继续礼拜，"遂一窟大明见如来影皎然在壁，如开云雾，忽睹金山，妙相熙融神姿晃昱，瞻仰庆跃不知所譬。佛身及袈裟并赤黄色，自膝已上相好极明，华座已下稍似微昧，膝左右及背后菩萨圣僧等影亦皆具有"。然而，欢喜只在一瞬间，待玄奘一行烧香、献花供养完毕，光影便消失了。

看见佛影

"毒龙教化"这类故事可谓随处可见，从某种意义上说，"毒龙教化"就是这类故事的源泉，因为那揭罗喝国与释迦游化之地相距甚远，必定需要适当的修饰，使其穿越时空，为释迦的去来创造确切依据。燃灯佛受记的故事，由于讲述的是释迦前世的事，所以可以自由转换故事发生的场所。游化之地是历史概念，所以无法改变。然而，佛影则可以在民众的观念里来去自如。尽管如此，"近代已来，人不遍睹"，只有"至诚祈请，有冥感者"，才"乃暂明视，尚不能久"（《大唐西域记》卷二·三）。玄奘的记述令人精神一振。他看见的佛影究竟是什么？虔诚膜拜《观佛三昧海经》等经书中佛影因缘的传说现场就使他心满意足了吗？还是说，他感悟到了内心体验的重要性？

虽然燃灯佛遗迹和佛影窟遗迹都基于带有神话色彩的传说，但在那揭罗喝国还存在一些物证，足以佐证故事的真实性，那便是已经遗失的佛齿，以及头发、指甲、顶骨、骸骨、袈裟和锡杖。

玄奘在佛影窟出口处无意间发现了一块方石，石头表面有被如来踩过的痕迹，微微露出轮相[8]，这便是佛足石。佛影窟的西北方建有一座窣堵波，据说其中收藏着"如来发、爪"。

因膜拜圣物而喧闹的哈达寺

玄奘逆着法显等人的路线，前往都城"东南三十余里"处的醯罗城。

此城"周四五里，竖峻险固，花林池沼，光鲜澄镜"，宛如世外桃源。"城中居人，淳质正信。"城里建有一座两层楼阁，正梁和柱子上绘有彩画，这便是被法显称为"佛顶骨精舍"的佛阁。佛阁二楼安置了三座小型七宝窣堵波，一座收藏着"如来顶骨"，一座收藏着"如来髑髅骨，状若荷叶"，一座收藏着"如来眼睛，睛大如奈"。还有一个宝盒，存放着佛祖"细氎所作"的黄赤色袈裟。除此之外还有一个宝筒，筒中放着佛祖的锡杖，这柄锡杖带有锡制圆环，手柄为檀木所制。据说这五件遗物非常灵验，因此迦毕试王命令"五净行"以香华供养。其中当数"佛顶骨"最受欢迎，前来膜拜的人络绎不绝，喧闹不已。诸净行以为收取一定费用，膜拜者便会随之减少，佛阁也会恢复安静。于是，他们立下规矩："诸欲见如来顶骨者，税一金钱；若取印者，税五金钱。"但是，膜拜者不减反增，玄奘略带讽刺地记录下了此事。

那揭罗喝国虽然受到犍陀罗衰退的影响，但东南方哈达地区大大小小的佛塔鳞次栉比，安置着圣遗物的佛阁、佛寺仍然香火兴旺。据法显记载，"精舍门前，朝朝恒有卖华、香人，凡欲供养者，种种买焉"，可见寺庙门庭若市，热闹非凡，直到玄奘访问时也未曾改变。

消失的哈达都

玄奘笔下美丽的哈达，数个世纪过后已变成一片废墟，只在伊斯兰寺庙中依稀可见其当年的残影。佛教时代那些密集的文化遗产逐渐被人忘却，孤零零地沉睡于沙漠中，直至19世纪。19世纪20年代，几个来此"收集古钱币"的欧洲人（文图拉、霍尼希贝格尔、古尔、凯文雅克、马松）注意到了哈达及周边残留的众多佛塔，他们口中的"塔"，就是玄奘膜拜过的"窣堵波"。他们将塔依次打开，将埋藏于塔内的各种遗物取出，哈达才因此重见天日。当时马松从毗摩兰的塔中取出的"毗摩兰黄金舍利容器"，至今仍是大英博物馆的镇馆之宝之一。

1879年，威廉·辛普森抵达哈达，并对特佩·喀兰（意为"大丘陵"）以及查基里郭蒂两处遗址展开了调查。

1922年9月，阿富汗与法国签订了含"考古领域三十年垄断权"在内的文化协议，之后的两三年，阿尔弗雷德·傅舍率先在特佩·喀兰进行试挖掘，以探索发掘哈达遗迹的可行性。傅舍对此地出土的佛像十分震惊，并给出了"阿富汗佛教艺术中，真正具备独创性的就是哈达派的塑像"这样的高度评价。此外，傅舍还是参照《大唐西域记》和《大唐大慈恩寺三藏法师传》实地勘察那揭罗喝国遗迹的第一人。在那次实地勘察中，傅舍指出，玄奘所说的位于"城东"（《大唐大慈恩寺三藏法师传》记为"城东南"）二里处、据说由阿育王建的高"三百余尺"的佛塔，正是如今被我们称为"埃金普舍"的巨大佛塔。辛普森也于1879年挖掘了该塔，取出了其中的埋藏物。"从（出土的）容器内部发现贵霜王朝初期的古钱币、罗马图密善帝和图拉真帝统治时期的古钱币，由此断定，该塔在2世纪经过修缮。"傅舍还暗示，佛影窟位于"南部绵长断崖边上的查哈巴哈村与更南边的西阿萨克（黑石）之间的龟裂地带"。都城位于"今市区（贾拉拉巴德）西南的郊外，流传着关于土地传说的地方，无非就是传说中的'古贝格拉姆'（意为原野）"。但是，"不管怎么说，最后还是要通过实际发掘结果来判定"。傅舍将这样一个课题推向了考古学领域。

发掘的进展

对哈达的正式发掘始于1926年，由朱尔斯·巴索主持。自此到1928年的两年半当中，巴索对特佩·喀兰、巴库·加伊的伽蓝遗址（下页图）、伽尔－纳奥、查基里郭蒂、德郭蒂、卡里哈特佩、帕特兹的遗址进行了发掘。通过一系列的发掘调查，法显和玄奘笔下哈达地区部分雄伟的佛教遗址逐渐呈现于世人眼前。尽管历尽沧桑，但仍然熠熠发光。作家安德烈·马尔罗也在这一期间到发掘现场拜访了巴索。当时人们忽略了挖掘后的保存工作，使得大部分遗址都暴露在阳光下，风化成了一堆白色土块。

哈达佛寺遗址

20世纪60年代，哈达地区的考古发掘调查开始以全新的方式展开。法国失去了考古调查的垄断地位，阿富汗也设立了考古学研究所，开始在哈达的特佩·绍托尔独自进行考古发掘工作。导致这一切发生的契机是1965年左右起，哈达地区愈演愈烈的盗掘现象。京都大学也响应通过国际合作保护哈达全域的号召，对位于其西南部的拉玛寺院遗址进行了发掘。

在所有的发掘工作中，最受瞩目的是从1966年开始发掘的绍托尔遗迹。从出土的货币或碑铭来看，该遗迹是2—6世纪末的一座寺院。假设玄奘访问时该寺院尚在，那么他应该看到过阿富汗"后期希腊化风格的杰作"——赫拉克勒斯造型的执金刚像。发掘者塔尔兹教授说："从这些作品对希腊原型的忠实度和制作的质量高度而言，这里毫无中断地继承了古希腊图像学的主题，延续了古希腊的艺术传统，我们必须以此为前提，才能理解绍托尔遗址中残留的作品。"他推定"哈达平原是整个希腊时期重要的文化中心之一"。玄奘慧眼如炬，这样的寺院必定不会被他遗漏，因而恐怕该寺院在7世纪初，也就是玄奘到访前就被烧毁了。

赫拉克勒斯造型的执金刚像

向犍陀罗出发

在佛顶骨精舍西北方有座窣堵波，虽不高，但据说非常灵验。传说，人们一用手触摸塔身，塔便会摇动，地基也会随之晃动，铃铛发出清脆的声响。据推测这座小塔为木制。

　　对那揭罗喝国的巡礼膜拜结束了，玄奘再次整理行装，朝东南方向继续旅行，终于抵达犍陀罗国边境。当时，犍陀罗国正处于迦毕试的统治下，所以找向导并不难。此地距离犍陀罗国都城布路沙布逻"五百余里"，尽管还需翻山越岭，但只要以建于巡礼之路高度的佛塔为目标向前走，就会发现走的确实是下坡路。穿过开伯尔山口，离犍陀罗国就不远了。这里自古以来就是"无著菩萨、世亲菩萨、法救（达摩多罗）、如意（末奴曷剌他）、胁尊者（波栗湿缚）等"杰出佛教理论家的"本生（出生后承受众生苦难）处也"，还是鸠摩罗什以及从中国前来求法的众多僧人潜心钻研之地。另外，这里还有令各位求法僧一致感叹的大塔雀离浮图，传说它"高六百余尺"，由迦腻色伽王兴建，宋云称赞该塔"西域浮图（塔），最为第一"。这里还有同马鸣菩萨一起从摩揭陀国被请来的大佛钵。想必玄奘年轻时就一边翻阅《法显传》，一边反复思考宋云的记录，对从未见过的犍陀罗国心驰神往了。

　　翻越最后一座山后，玄奘大汗淋漓，犍陀罗国已近在咫尺，切断该国东部边界的信度河与印度河也现于眼前。玄奘在犍陀罗国想要访问的，不仅是数量众多的佛迹，还有《阿毗达摩俱舍论》的作者世亲所在的伽蓝。另外，他应该也不会忘记去拜访与同是古代大语法学家的波你尼[9]有深厚渊源的地方。

结语

　　贞观十九年（645年）正月二十五日，玄奘四十五岁，他打算结束这场历经十七年的游学之旅。想当初，他不顾一切打破国禁，一心向往西方，偷偷溜出烽橹，只有一匹瘦马做伴；而现在，他衣锦还乡，在长安城门前迎接他的是如云霞般熙攘的人群。玄奘足足用了二十匹马才将得到的佛像及经典搬运回国。

玄奘带回的佛像及经典

大乘经典	二百二十四部
大乘论著	一百九十二部
上座部经律论	十五部
大众部经律论	十五部
三弥底部（正量部学派）经律论	十五部
弥沙塞部（化地部学派）经律论	二十二部
迦叶臂耶部（饮光部学派）经律论	十七部
法密部（法藏部学派）经律论	四十二部
说一切有部（说一切有部学派）经律论	六十七部
因明论	三十六部
声明论	十三部

总计	五百二十帙，六百五十八部
如来肉身舍利一百五十粒	
摩揭陀国前正觉山龙窟留影金佛像一尊	
拟波罗奈斯国鹿野苑初转法轮像檀刻佛像一尊	
拟憍赏弥国出爱王思慕如来檀刻写真像檀刻佛像一尊	
拟劫比他国如来自天宫下降宝阶银佛像一尊	
拟摩揭陀国鹫峰山说法华等经金佛像一尊	
拟那揭罗喝国伏毒龙所留影像檀刻佛像一尊	
拟吠舍离国巡城行化檀刻佛像一尊	

在玄奘带回的佛像中，有两尊特别值得关注：其一是根据释迦牟尼在摩揭陀国的前正觉山石窟里满足龙的祈愿，留下自己佛影的故事而制作的佛像（龙窟留影像）；其二则是根据释迦牟尼在那揭罗喝国按照瞿波罗龙的祈愿留下的佛影，临摹制作的佛像。这两尊佛像都蕴含极强的故事性，但是仿照转瞬即逝的影像创作而成的那尊释迦留影像，为何能够吸引玄奘的注意，我对此颇感兴趣。

人们齐聚长安朱雀大街迎接玄奘，帮他将带回的诸多经书、佛像运至弘福寺。同时，玄奘马不停蹄地赶往洛阳，请求准备御驾东征高句丽的太宗皇帝赦免自己打破国禁的罪过，并允许自己立刻着手翻译带回的经论。太宗向其询问雪岭以西和印度边境的气候、风土人情和各国君王的动向等，还问到很多张骞没有提及、东汉的班固和马援也未曾记载的事情。玄奘将游学途中的所见、所闻、所记，事无巨细地对太宗娓娓道来。太宗请玄奘将这些见闻详细记录，同时也准许他翻译带回的经论，还命令留守长安的房玄龄为他准备好翻译经文所需的各种物品。

五月，译场准备就绪。六月，玄奘着手译经。他将从西域带回的六百余部梵文经书摆在面前。面对浩瀚书海，玄奘不紧不慢地逐页捧在手上，大声朗诵，细致地推敲译文。聚集在此的多位高僧则奋笔疾书。翻译出的汉语力求准确地阐释原著精髓，这一重任便落在了执笔记录的高僧身上。玄奘则会进一步修改，最终成稿。

他首先翻译的是《大菩萨藏经》二十卷，五月开始，九月完工，由弟子智证执笔。《大菩萨藏经》是玄奘在吠舍离吠多补罗城得到的大乘典籍。接着翻译的是无著的《显扬圣教论颂》一卷、《六门陀罗尼经》一卷、《佛地经》一卷，执笔者为辩机，他是玄奘译场里一位年轻而优秀的助译僧。

贞观二十年（646年），玄奘四十六岁，这也是他回国后的第二年。他一边翻译自己心心念念的《瑜伽师地论》，一边趁记忆清晰、记录尚存，以口述的形式，由辩机执笔，记录下这次西域游学的始末，编辑成册。于是，《大唐西域记》这部无可比拟的伟大游记诞生了。那是在该年夏七月。当然，完成的书稿都进献给太宗了。

贞观二十二年（648年），玄奘从五月刚由印度远征而归的王玄策将军口中得知，他在那烂陀寺求教的老师戒贤已经圆寂。后来，为完成《大唐西域记》倾尽心血的辩机，因与高阳公主私通之事曝光，被处以死刑，负责缀文（统一文章或文体）的"大德九人"中最杰出的四人（道宣、靖迈、慧立、辩机）之一突然之间意外身亡。

玄奘必定为这二人之死深感悲痛，因此患病。

但是，当时他已决定将译场由弘福寺移至太子建造的慈恩寺中，那里已经规划出了一片新译场。四年后，一座"高百八十尺"的砖塔竣工，用于安放并保管前文所述、玄奘从西域带回的佛经和佛像。据说玄奘原本计划建"高三百尺"的石塔，或许他是想建一座能与在那揭罗喝国见到的阿育王大塔相媲美的大塔吧。

显庆二年（657年），已经是高宗在位的时期。这一年就是武后向玄奘祈祷顺产的第二年。春二月，高宗驾幸洛阳，玄奘陪同，这也是他时隔多年再次回到故都。他奉命在积翠宫翻译，译经完成后，他获准回到阔别已久的家乡。

洛阳东七十里，玄奘当年与父母、兄姐共同度过短暂岁月的旧居已经破败，无论是独自留守家中的长兄还是其他亲戚都已不在。他唯一的姐姐远嫁瀛洲（河北沧州河间县）张氏，尚在人间，她听闻玄奘回乡的消息后立刻赶回。玄奘与年迈的姐姐相顾无言，只是紧紧握住对方的手，泣不成声。泪珠在两人的脸颊上不住地流淌，更加深了姐弟的思念之情。良久，两人在繁茂的草木中找到了父母亲的坟墓，那附近一片荒芜，早已颓败得不堪入目。于是，玄奘便在皇帝敕许之下，与姐姐商量为父母迁坟。从他十岁背井离乡至今，已有四十余年悄然流逝。玄奘终究难以抑制对故乡一派祥和之景的思念，便申请将今后的译经工作搬至距家乡不远的少林寺中继续进行。但是这一请求未被允许，玄奘从此病倒。

回到长安后，玄奘在玉华寺闭门不出，加紧翻译《大般若波罗蜜多经》六百卷。高宗龙朔元年（661年），是玄奘晚年值得特别记载的一年。这一年，世亲的《唯识论》一卷由大乘基（窥基）笔记，翻译已经完成；夏七月，小乘《缘起经》一卷由神昉笔记，也已接近尾声。玄奘或许曾突然想起埋藏于巴米扬东大佛、释迦大佛处的那些经卷，这是他辞世三年前的事。

玄奘翻译经书十七年六个月，翻译完成的佛典多达一千三百三十八卷，时间和地点跨度都异乎寻常。这项伟业之所以能完成，正是因为他被时代赋予了吸收世界各国不同思想的任务，通过旅行，他让横向流动的智慧发展成熟。

弥留之际，玄奘在一片静寂之中等候无常之期，眼前突现一朵如盘大小、鲜艳美丽的白莲花。或许，他此刻的灵魂已经飞到当年那揭罗喝国的佛影窟去了。

后记

距今大约六十年前，前屿信次的《玄奘三藏》一书正要出版，那时的年轻人成天只看法国电影，鲜有人捧起这本名著。四年后，京都大学学术调查团拍摄的纪录片《喀喇昆仑山》让我第一次目睹了巴米扬大佛的风姿，我深受感动。当时我对玄奘三藏的认知还很浅显，不过，十年后，他却成了我人生之中必须面对的存在。

1964年，东京举办了奥林匹克运动会，日本终于摆脱了战后的被动体制，开始致力于向新的经济形态转换。也就在这一年，我把大部头的法国考古团报告装进行李箱，又偷偷塞了那本《玄奘三藏》，开始了我的阿富汗之旅。因为当年刚好是玄奘三藏逝世一千三百周年，也因为我和奈良药师寺的安田暎胤长老成了朋友——他继承的是玄奘及其弟子窥基（慈恩大师）创立的法相宗学派，和玄奘三藏渊源很深。清晨，天刚蒙蒙亮，我穿过寺院来到药师寺本坊，努力睁开惺忪的睡眼，倾听桥本凝胤住持精神抖擞地讲说《成唯识论》，这场景也让我怀念不已。

自然而然，我脑海也涌现出"真想有一天重走一遍玄奘三藏走过的丝绸之路"这一看似不切实际的想法。又过了几年，21世纪初，巴米扬大佛被炸毁，这场震惊全世界的破坏行径，令我一度踌躇。待战火平息，我便立即奔赴阿富汗。当时，化为一片废墟的喀布尔博物馆的正立面墙壁上还挂着一条横幅，随风摇曳。横幅上的标语令我痛彻心扉："一个国家，只有它的文化和历史活着，这个国家才会活着。"我飞到巴米扬，玄奘仰首而观的那座大佛已经不在。面对偌大一堆瓦砾废墟，我不禁泪流满面。我只想再次追随玄奘法师的脚步，重走丝路之旅，亲自站在这片土地上，这就是我写这本书的动机。

这次旅行中，我以《大唐西域记》《大唐大慈恩寺三藏法师传》《续高僧传》为向导。先学们留下了各种带有各自特征的、精妙的参考文献，告诉我途中的微妙之处，非常可靠。于我而言，无论哪一本指南都必不可少。有时，我也会发现一些书籍中没有记载的现象，而这正是亲赴现场勘验之人才能体会到的无上喜悦。这种喜悦会进而发展成孕育想象力的新土壤，也会冲破弥漫于时间上方的浓浓雾霭，让之前藏匿着的东西重见天日。如此一来，沉重的历史终于能挣脱枷锁的束缚，开始蠢蠢欲动。玄奘在他的旅途中也必然体会到了这种喜悦，我对此深信不疑，一心一意地追逐着列维－斯特劳斯所感慨的"人类学的一盏明灯"——踽踽前行的玄奘——的背影。有时，他的背影会突然从我眼前消失，有时，我捕捉到的只是幻影，但这完全是因为玄奘的丝路之旅"横跨文化领域各层面"，是一场十分壮观的旅程。

"捷径使人迷路"，这是尼采的警句。玄奘时常迂回折返，用自己的双脚去确认、用双眼去观察世界的深度。找到值得捕捉的目标后，他便锁定不放，集中精力一沉到底，过后再重新浮上来。他这种如小鸟般活跃的劲头究竟从何而来？我不由得感叹：这得益于7世纪的时代巨浪孕育出的认知灵活性。

每经过一座里程碑，我都会发自肺腑地向先学们致敬，是他们翔实的翻译和注解让我得以驻足展望，而他们自在的译文也让我心生喜悦。在引用翻译内容时，有时候为了让读者更加容易理解，我也大胆地做了些修改。

　　书中珍贵的照片、图片多是由弗朗兹·格鲁内、安田顺惠等朋友友情提供，用以装饰书页。在这里，请允许我向各位致以衷心的感谢。

　　另外，若是没有暮田爱陪我一路走来，为我提供帮助，本书就无法完成。对此，我的感谢之情真是无以言表。

　　最后，我还要感谢岩波的编辑古川义子给了我很多中肯的建议和有力的勉励，真是非常感谢。

前田耕作

二〇一〇年三月

参考文献

玄奘『大唐西域記』（水谷真成訳、中国古典文学大系二十二巻、平凡社、一九七一）

同『大唐西域記』（桑山正進訳、中央公論社、一九八七）

慧立・彦悰『大唐大慈恩寺三蔵法師伝』（高田修訳、国訳一切経、一九三〇）

同『玄奘三藏』（長澤和俊訳、講談社学術文庫、一九九八）

堀謙徳『解説西域記』（前川文栄閣、一九一二）

足立喜六『大唐西域記の研究』上巻（法蔵館、一九四二）

慧皎『高僧伝』（常盤大定訳、国訳一切経、一九三六）

慧皎『高僧伝』（吉川忠夫・船山徹訳、岩波文庫、全四冊、二〇〇九~刊行中）

道宣『続高僧伝』（常盤大定訳、国訳一切経、一九三六）

道宣『釈迦方志』（中華書局、一九八三）

法顕・楊衒之『法顕伝・宋雲行紀』（長澤和俊訳、東洋文庫、平凡社、一九七一）

松本文三郎『玄奘の研究』（『東洋文化の研究』岩波書店、一九二六）

前嶋信次『玄奘三藏——史実西遊記』（岩波新書、一九五二）

桑山正進・袴谷憲昭『玄奘』（大蔵出版、一九八一）

中野美代子『三蔵法師』（中公文庫、一九九九）

楊廷福『玄奘年譜』（中華書局、一九八八）

周達寛『大唐西域記史地研究論稿』（中華書局、一九八四）

劉希為『隋唐交通』（新文豊出版、一九九二）

安田順恵『玄奘取経の交通路に関する地理学的研究』（東方出版、二〇〇六）

白鳥庫吉『西域史研究』（白鳥博士東洋史論集第一～二巻、岩波書店、一九四一～四四）

羽渓了諦『西域之仏教』（法林館、一九一四）

羽田亨『西域文明史概論・西域文化史』（東洋文庫、平凡社、一九九二）

松田寿男・小林元・木村日紀『中央亜細亜史・印度史』（平凡社、一九四一）

山崎宏『隋唐仏教史の研究』（法蔵館、一九六七）

山崎宏『中国仏教・文化史の研究』（法蔵館、一九八一）

中村元・笠原一男・金岡秀友編『アジア仏教史』中国編一（佼成出版社、一九七五）

矢吹度輝『マニ教と東洋の諸宗教』（佼成出版社、一九八八）

黄文弼『トルファン考古記』（土居淑子訳、黄文弼著作集第二巻、恒文社、一九九四）

宮崎市定『隋の煬帝』（人物往来社、一九六五）

布目潮楓『隋唐史研究』（東洋史研究会、一九六八）

布目潮楓・栗原益男『隋唐帝国』（講談社、一九九七）

　内藤みどり『西突厥史の研究』（早稲田大学出版部、一九八八）

　護雅夫『古代トルコ民族史研究』Ⅱ巻（山川出版社、一九六七）

　桑山正進『カーピシー＝ガンダーラ史研究』（京都大学人文科学研究所、一九九〇）

　田辺勝美『昆沙門天像の起源』（山喜房仏書林、二〇〇六）

　同『ガンダーラの床几に関する二、三の考察』（古代オリエント博物館紀要、二〇〇一）

　前田耕作『バクトリア王国の興亡』（レグルス文庫、第三文明社、一九九二）

　同『巨像の風景』（中公新書、一九八六）

　同『アフガニスタンの仏教遺跡バーミヤン』（晶文社、二〇〇二）

　安田暎胤『玄奘三蔵のシルクロード』中国編（能登印刷出版部、一九九八）

　アフガニスタン文化遺産調査資料集第一巻『バーミヤーン遺跡の歴史と保存』（明石書店、二〇〇五）

　同第二巻『バーミヤーン仏教壁画の編年』（明石書店、二〇〇六）

　『仏教芸術』二八九号（バーミャン仏教遺跡特集号、毎日新聞社、二〇〇六）

　文化遺産国際協力センター編『シルクロードの壁画』（東京文

化財研究所、二〇〇七）

　谷口陽子『バーミャン仏教壁画の彩色技術に関する研究』（博士論文、二〇一〇）

　『岩波仏教辞典』（岩波書店、一九八九）

　『仏教語大辞典』（東京書籍、一九七五）

　フシェ『仏教美術研究』（大雄閣、一九二八）

　ヘディン『リヒトホーフェン伝』（高山洋吉訳、慶應書房、一九四一）

　ユール、コルディエ『東西交渉史』（東亜史研究会訳、帝国書院、一九四四）

　ジューコフ『湖底に消えた都―イッシク・クル湖探検記』（加藤九祚訳、角川新書、一九六三）

　ルトヴェラゼ『アレクサンドロス大王東征を掘る』（帯谷知可訳、NHKブックス、二〇〇六）

　ピダエフ『テルメズの歴史』（加藤九祚訳、『アイハヌム』東海大学出版会、二〇〇七）

　A. Godard/J. Hackin, *Les Antiquités Bougdhiques de Bamiyan*(Paris, 1928)

　A. Foucher, *La Vieille Route de l'Inde de Bactres á Taxila*(Paris, 1942)

　I. Gershevitch, *The Avestan Hymn to Mithra*(Cambridge, 1967)

注释

序

1. 狩谷棭斋（1775—1835年）：日本近代学者，江户人，通晓儒学及日本国学，因与松崎慊堂交往密切，并且受其影响，逐渐形成了带有考证倾向的学风。

2. 水谷真成：日本学者，1947年从京都大学文学部毕业，师从仓石武四郎教授。历任大谷大学副教授、名古屋大学教授、佛教大学教授。主要从事汉语音韵史，特别是梵汉对音的研究。

第一章　宁向西天一步死，不向东土一步生

1. 阿育王：公元前273—前232年在位，古代印度摩揭陀国孔雀王朝的第三代国王。阿育王的知名度在古印度帝王之中无与伦比，他对历史的影响同样可居古印度帝王之首。

2. 相州：古代地名。今河南北部安阳市一带。

第二章　异域文化浓郁的西域

1. 统叶护可汗（？—628年）：西突厥汗国鼎盛时期的最高统治者。

2. 哈拉和卓：位于新疆吐鲁番东南30千米处。堡西南有汉、唐高昌城故址，"和卓"或系"高昌"的音讹，"哈拉"是突厥语，意即黑。约元明之际迁建今堡。

3. 吉迦夜：北魏僧人，佛经翻译家，据《开元释教录》卷六等载，本为西域人。他于北魏孝文帝时译出《大方广菩萨十地经》《杂宝藏经》等五部佛教经典。

4. 释昙曜：北魏僧人，开凿云冈石窟的倡导者。少年出家，生卒年月不详。唐道宣《续高僧传》卷一《魏北台石窟寺恒安沙门释昙曜传》称他为"摄行坚贞，风鉴闲约"。

第三章　丝绸之路上的十字路口：粟特

1.安世高：东汉佛教翻译家，本名清，字世高，出家前是安息国的王太子，自小聪明仁孝，刻苦好学，博览国内外典籍，名声远播，西域各国对他都很敬重。安世高是小乘佛经的首译者。

2.阿毗昙：全称"阿毗昙摩"，略称"毗昙"，意译对法、胜法、无比法，指佛教经、律、论三藏中的论藏，是佛教高僧大德对佛经的理解和阐释。

3.周达宽：图书馆学家、目录学家、档案学家、历史地理学家，中山大学资讯管理系教授和创办人之一。

4.堀谦德：日本明治、大正时代的印度哲学研究专家，精通梵语学、英语言文学。

5.颂湖：吉尔吉斯斯坦第二大湖。

6.塞种人：简称"塞人"，属欧罗巴人种印度地中海类型。原指住在中国新疆伊犁河流域的游牧民族。约在公元前160年，塞种人受大月氏人的驱赶，向南迁徙。

7.楚河：西汉以前称"塞河"，夹在咸海以东的锡尔河与天山西北处的额尔齐斯河中间。

8.《皇华四达记》：贾耽撰，共10卷。书成于唐贞元（785—805年）年间，久佚。《新唐书·艺文志·地理类》著录其名。

9.飒秣建国：西域古国名，位于今乌兹别克斯坦境内撒马尔罕附近。

10.阿弗拉西阿卜：位于撒马尔罕北郊的一个古聚落。

11.室点密（？—576年）：突厥族，阿史那氏，亦作室点蜜、瑟帝米，大叶护阿史那吐务的次子，突厥汗国大汗阿史那土门之弟，西突厥汗国建立者。

12.护雅夫（1921—1996年）：日本著名突厥史专家。

13.新井白石（1657—1725年）：名君美，号白石，日本江户时代的政治家、诗人、儒学家。他在朱子理学、历史学、地理学、语言学、文学等方面造诣颇深。

14.迦毕试：又称迦臂施、迦毗尸，1世纪时阿富汗境内古国。

15.屏聿：古地名。故地在今吉尔吉

斯北部吉尔吉斯山脉北麓，库腊加特河上游一带。

16.阿胡拉·马兹达：古伊朗拜火教的至高神和智慧之神。

17.斯特拉波：古罗马地理学家、历史学家。

18.大夏：又称"铁尔梅兹国"，位于乌兹别克斯坦与阿富汗的交界处。

19.封牛：一种颈上有肉隆起的牛，也叫"峰牛、犎牛"。《汉书·西域传上·罽宾国》记载，"罽宾国出封牛"。

20.康巨：东汉末僧人，生平不详。据《高僧传》等记载，本为康居国人。汉灵帝时曾译出《问地狱事经》，"言直理旨（质），不加润饰"，在当时有"慧学"之誉。

21.康孟详：东汉译经家，其祖先为康居国人，以"慧学"闻名洛阳。

22.康僧会：三国时期僧人，相传为西域康居国大丞相之子。他不恋富贵，看破红尘，立志出家当了和尚。康僧会秉承佛旨，来到中华弘传佛法，广结善缘。

23.康僧铠（又名"僧伽跋摩"）：三国时代译经僧，相传为印度人，翻译过《无量寿经》。

24.羽溪了谛（1883—1974年）：日本佛教学者，福井县人。他毕业于京都大学、文科大学哲学系，后留学欧美，曾数度至中国考察佛教遗迹。

25.慧超：唐朝时朝鲜半岛新罗国僧人，从中国泛海至印度，后来取道陆路经西域返回中国，是8世纪初西域政治形势剧变的见证人。

26.长泽和俊（1928—）：日本著名丝绸之路研究者，主攻东西交通史、文化交流史，尤精于丝绸之路上的敦煌、罗布泊的研究。

27.埃米尔·帖木儿（1336—1405年）：出生于撒马尔罕以南的竭石（今乌兹别克斯坦沙赫里萨布兹）。帖木儿的祖先做过察合台汗国的大臣，父亲死后他继承为竭石的一名封建城主。后人所知的帖木儿历史大部分来自《胜利书》《帖木儿自传》。

第四章　与古代巴克特里亚相关的各国

1.普拉克利特语：中期印度的俗语，

分为古、中、今三个阶段，是相对
于标准梵语的各地俗语，亦即在中
期印度标准梵语之外所有雅利安民
众的方言。

2.寄多：寄多王朝是大月氏王寄多罗
之子建立的国家，又称"小月氏
国"，地处犍陀罗及印度河流域，
都城在白沙瓦。

3.库巴的安：塔吉克斯坦西南部城
市，位于柯费尼根河下游。

4.卡姆皮尔特佩：位于铁尔梅兹以西
30千米处的古城遗址，1972年由
苏联考古学家发现。

5.巴克特拉：巴克特里亚王国首都，
在今巴尔赫。

6.麨蜜：炒熟的米粉或麦粉和以蜜糖
的食品。

第五章　佛教文化的圣地巴
米扬

1.阿拉米语：古代犹太人的日常用
语，属于闪米特语系，与希伯来语
和阿拉伯语相近，现在还有不少叙
利亚人说这种语言。

2.鹿鸣馆：日本明治维新后在东京建

的一所类似于沙龙的会馆，供改革
西化后的达官贵人聚会风雅的地
方。由于来客都是日本近代化的栋
梁型人物，很多重要政策都出自鹿
鸣馆。鹿鸣馆时代是日本明治维新
后一个思潮激荡的历史阶段，其主
要特色为欧化主义。

3.麻刀：一种纤维材料，简单地说就
是一种细麻丝、碎麻，掺在石灰里
起增强材料连接、防裂、提高强度
的作用。古时建造土房子时人们将
麻刀掺到泥浆里，以提高墙体韧
度、增强连接性能。

4.佉卢文：大约和印度的婆罗米文出
现时间相近，但婆罗米文派生出了
印度和东南亚的许多文字，而佉卢
文没有什么后继文字，最后被婆罗
米文取代。

第六章　没有尽头的道路

1.药叉：梵语的音译，或译为"夜
叉""野叉"。

2.盐漠：又称"盐沼泥漠"。在地表
被大量盐分覆盖的干燥泥漠地区，
水位较浅的含盐地下水沿毛细管孔
隙上升。到达地表时，水分蒸发，

盐分在地表积聚，形成盐漠。

3.拘萨罗国：北印度古王国，即今乌塔普拉帝须省的东北部。舍卫城即此国之首都，佛陀后半生多居于此。

4.相轮：五重塔屋根金属部分的总称，是塔刹的主要部分。从上到下依次是宝珠、龙车、水烟、九轮、受花（请花）、伏钵、露盘，贯通中间的棒叫作"擦"，也称为"刹管"。

5.陀历：故址在今克什米尔西北部印度河北岸达尔德斯坦的达丽尔。

6.乌苌：意思是"花园"，位于今巴基斯坦国开伯尔—普什图省斯瓦特县。

7.游化：佛学用语，指游行各处而教化。

8.轮相：为佛三十二相之一，佛足蹠如千辐轮之印纹。佛陀经常游履各地弘宣妙法，一如国王之乘宝车巡治国内，故有"佛举足时，足下千辐轮相"之语。

9.波你尼：古印度语法学家，对后世语言学的发展有巨大影响。

译名对照表

人名

法罗　Pharo

地名、建筑物名称

埃金普舍佛塔　Ahin Posh
查基里郭蒂遗址　Chakhil-i-Ghoundi
德郭蒂遗址　Deh Ghundi
迪尔伯德金特佩遗址　Dilberdzhin Tepe
卡姆皮尔特佩遗址　Kampyr Tepe
凯尔凯纳遗址　Khair Khaneh
塔赫蒂鲁斯塔姆遗址　Takht-i Rustam
泰普扎戈荣　Tepe-Zargaron
托比鲁斯塔姆遗址　Top-i Rustam

专有名词、机构名称

纥露悉泯健国　Haibak
竭石国　Kesh
吐火罗人　Tokharoi

里程碑文库

The Landmark Library

　　"里程碑文库"是由英国知名独立出版社宙斯之首（Head of Zeus）于2014年发起的大型出版项目，邀请全球人文社科领域的顶尖学者创作，撷取人类文明长河中的一项项不朽成就，以"大家小书"的形式，深挖其背后的社会、人文、历史背景，并串联起影响、造就其里程碑地位的人物与事件。

　　2018年，中国新生代出版品牌"未读"（UnRead）成为该项目的"东方合伙人"。除独家全系引进外，"未读"还与亚洲知名出版机构、中国国内原创作者合作，策划出版了一系列东方文明主题的图书加入文库，并同时向海外推广，使"里程碑文库"更具全球视野，成为一个真正意义上的开放互动性出版项目。

　　在打造这套文库的过程中，我们刻意打破了时空的限制，把古今中外不同领域、不同方向、不同主题的图书放到了一起。在兼顾知识性与趣味性的同时，也为喜欢此类图书的读者提供了一份"按图索骥"的指南。

　　作为读者，你可以把每一本书看作一个人类文明之旅的坐标点，每一个目的地，都有一位博学多才的讲述者在等你一起畅谈。

　　如果你愿意，也可以将它们视为被打乱的拼图。随着每一辑新书的推出，你将获得越来越多的拼图块，最终根据自身的阅读喜好，拼合出一幅完全属于自己的知识版图。

　　我们也很希望获得来自你的兴趣主题的建议，说不定它们正在或将在我们的出版计划之中。

里程碑文库编委会